HF499072

A
B

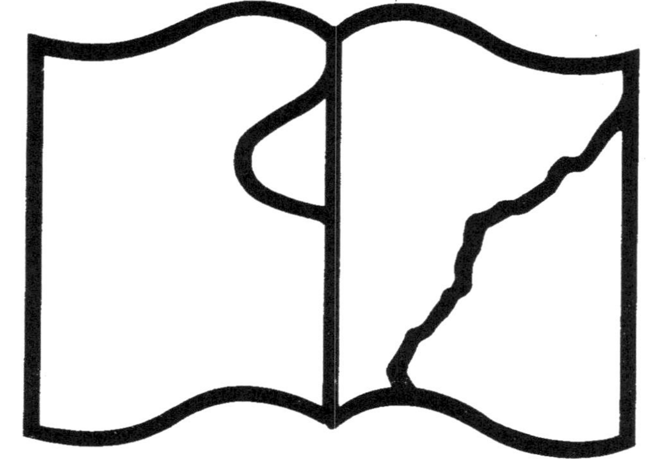

Texte détérioré — reliure défectueuse

NF Z 43-120-11

L'IRLANDE

AU

DIX-NEUVIÈME SIÈCLE,

PAR M. J.-J. PRÉVOST,

RÉDACTEUR DE LA *REVUE BRITANNIQUE*.

précédée d'une introduction

Par M. le Baron Taylor,

ILLUSTRÉE PAR **CENT VINGT GRAVURES** SUR ACIER,

SPLENDIDEMENT EXÉCUTÉES PAR LES PREMIERS ARTISTES DE LONDRES,
D'APRÈS LES DESSINS ORIGINAUX FAITS SUR LES LIEUX.

UN FRANC VINGT-CINQ CENTIMES LA LIVRAISON.

(Cet ouvrage, entièrement inédit, ne sera publié dans aucun journal.)

SUJETS DES GRAVURES

1° LES QUATRE COURS. — **DUBLIN.**
2° L'ABBAYE DE SAINTE-CROIX SUR LA SUIR.

L. CURMER,
Rue de Richelieu, 49, au premier,
ET CHEZ TOUS LES LIBRAIRES DE FRANCE ET DE L'ÉTRANGER.

L'IRLANDE

AU

DIX-NEUVIÈME SIÈCLE

PAR M. J.-J. PRÉVOST.

PRÉCÉDÉE D'UNE INTRODUCTION

PAR M. LE BARON TAYLOR.

PARIS.

L. CURMER, LIBRAIRE DE S. M. LA REINE
ET DE S. A. R. MME LA DUCHESSE D'ORLÉANS,
49, RUE RICHELIEU.

M DCCC XLV

L'IRLANDE

AU

DIX-NEUVIÈME SIÈCLE

PAR

M. J.-J. PRÉVOST

PRÉCÉDÉE D'UNE INTRODUCTION

Par M. le baron Taylor

PARIS
H. MANDEVILLE, LIBRAIRE-ÉDITEUR
42, RUE VIVIENNE
Et chez tous les Libraires de la France et de l'Étranger.

Paris. — Imprimerie de Gustave Gratiot, 30, rue Mazarine.

L'IRLANDE

AU DIX-NEUVIÈME SIÈCLE.

Paris. — Imprimerie de Gustave Gratiot, 30, rue Mazarine.

L'IRLANDE

AU DIX-NEUVIÈME SIÈCLE.

IMPRIMERIE
SCHNEIDER et LANGRAND,
rue d'Erfurth, 1.

L'IRLANDE

AU

DIX-NEUVIÈME SIÈCLE

PAR M. J.-J. PRÉVOST.

PARIS.

L. CURMER, ÉDITEUR,

49, RUE DE RICHELIEU.

M DCCC XLV.

DÉDIÉ

A M. GUSTAVE DE BEAUMONT,

MEMBRE DE L'INSTITUT ET DE LA CHAMBRE DES DÉPUTÉS,

Par son très-humble et très-dévoué serviteur,

J.-JOSEPH PRÉVOST.

INTRODUCTION.

L'Europe libérale suit avec un vif intérêt les progrès de la lutte que soutient le peuple irlandais contre la volonté et les préjugés de ses vainqueurs. C'est que cette lutte, féconde en enseignements pour tous, doit amener tôt ou tard le triomphe des opprimés et donner à toutes les tyrannies une éclatante leçon. L'Angleterre a pendant plusieurs siècles gouverné avec une verge de fer un peuple dont le génie lui faisait ombrage; elle a voulu le dégrader et l'anéantir, et voici que ce peuple est aujourd'hui plus fort, plus nombreux et plus fidèle que jamais à sa divine religion. C'est l'Irlande qui suscite à l'aristocratie anglaise ses plus cruelles inquiétudes et des embarras qui semblent inextricables. La tyrannie a donc commencé de subir son châtiment; mais, pour que l'expiation soit complète, il faudra que les maîtres accordent eux-mêmes à leurs esclaves affranchis la réparation qui leur est due.

Le vengeur que Dieu a envoyé à l'Irlande est aussi tendrement aimé, est aussi sacré pour ses compatriotes que l'étaient autrefois les saints prophètes dont la parole inspirée consolait les tribus d'Israël aux jours de leurs revers. Cet homme si remarquable exerce un ascendant merveilleux sur son peuple. A sa voix, tous obéissent aveuglément. Il commande l'agitation, et des milliers d'hommes répondent à son appel; puis, après les avoir électrisées par ses discours, il ordonne à ces multitudes de se disperser, il les congédie d'un mot, alors chacun retourne chez soi, et le calme le plus parfait succède aux démonstrations les plus énergiques. La tactique d'O'Connell, ses manœuvres qui varient souvent, ses innombrables plans de campagne, ses discours où nous remarquons des contradictions, ne sont pas toujours très-clairs pour nous; aussi nous nous permettrons parfois de critiquer et de douter. Mais, en Irlande, le libérateur est infaillible. On recueille religieusement chaque parole qui tombe de ses lèvres, on lit avidemment chaque ligne de ses proclamations, on croit à toutes ses promesses, et en attendant on exécute passivement ses ordres. C'est que M. O'Connell est toujours environné de cet éclatant prestige que donne le succès. Sans guerre, sans violences, il a délivré son pays de l'esclavage, il a forcé des sectateurs intolérants et obstinés d'accomplir eux-mêmes l'émancipation des catholiques, il a réussi enfin dans une entreprise si grande, que rien de ce qu'il tentera ne peut paraître impossible aux Irlandais.

O'Connell a accompli glorieusement la première partie de sa tâche; il a conquis à son pays des droits précieux. C'est beaucoup, sans doute, mais il lui reste bien plus à faire encore pour tirer ses compatriotes de leur misère héréditaire, pour leur procurer un peu de calme et de bien-être. Pour arriver à ce dernier résultat, le libérateur ne voit qu'un moyen extrême, le rappel de l'Union. Selon lui, il ne faut rien moins que ce remède énergique pour guérir les maux de l'Irlande. Le rappel doit faire cesser l'*absenteism* et les exactions des *middlemen*, détruire la suprématie de l'Église anglicane, et ramener la paix et l'abondance au sein des campagnes; malheureusement le rappel est impossible, et si c'était réellement l'unique ressource des Irlandais, il faudrait désespérer du salut de ce peuple infortuné. Mais nous sommes persuadés qu'O'Connell sait tout cela bien mieux que nous, et que pour lui ce mot rappel n'est qu'un cri de guerre jeté pour rallier les masses et effrayer ses adversaires. Le peuple répète ce cri comme tout autre, parce qu'il a été proféré par le libérateur; mais, au fond, la question du parlement national ne le passionne pas, car elle ne réveille pas en lui de grands souvenirs patriotiques. On sait que, sauf de très-rares exceptions, l'ancien parlement irlandais a toujours été composé de protestants avides ou fanatiques, dévoués au gouvernement britannique, et plus hostiles aux indigènes que les Anglais eux-mêmes. Ce que le peuple attend et espère, c'est l'allégement de ses souffrances, c'est du travail et du pain; peu lui importe d'ailleurs que les améliorations viennent de Westminster ou de Collége Green.

L'agitation pour le rappel était sans doute nécessaire, puisque O'Connell, qui a donné tant de preuves d'habileté, l'a prêchée et organisée; mais pourtant nous croyons qu'il est à souhaiter, dans l'intérêt du peuple, qu'elle ait bientôt un terme, car nul pays n'a plus besoin que l'Irlande de recouvrer sa tranquillité. A l'époque de l'administration des whigs avec lesquels O'Connell vivait en paix, l'Irlande était calme, les passions semblaient apaisées, les propriétaires se hasardaient à venir visiter leurs domaines; le commerce et l'industrie avaient pris une extension inaccoutumée. Pendant quelques années l'Irlande respira et entrevit un meilleur avenir; elle savait qu'elle était gouvernée par des hommes bienveillants et désireux de la voir prospérer; mais les whigs, malgré leurs bonnes intentions, se bornèrent à des paroles amicales, et ne purent faire que des promesses; s'ils eussent tenté de réaliser leurs plans généreux, ils auraient été immédiatement renversés. En voyant reparaître au pouvoir les tories ses anciens ennemis, les mêmes hommes qui l'avaient persécutée ou outragée, l'Irlande perdit tout espoir, et, au premier appel du libérateur, elle s'agita comme par le passé, et se montra prête à tout ce qu'il lui commanderait; nous ne suivrons pas ici les phases diverses de cette agitation, nous croyons également inutile d'insister sur la situation respective du ministère anglais et du parti de M. O'Connell, que les journaux ont suffisamment fait connaître. Nul ne peut prédire à coup sûr comment finira ce grand duel de deux peuples et de deux religions, c'est le secret de Dieu. Mais s'il est permis de hasarder une conjecture suggérée d'ailleurs par l'expérience du passé, nous ajouterons qu'il est probable que le parti tory fera des concessions à l'Irlande, bien malgré lui, il est vrai, et contraint par la volonté des chefs éclairés qui le dirigent. Ainsi, ce que les whigs n'auraient pu exécuter, les tories le laisseront faire sans doute au cabinet qu'ils subissent en murmurant. Pour appuyer notre opinion, nous rappellerons que l'émancipation des catholiques et le Reform Bill sont l'œuvre de ministres tories, et nous ferons remarquer que depuis quatre années sir Robert Peel, porté au pouvoir pour conserver, a dû néanmoins accomplir les réformes auxquelles son parti était le plus opposé, et n'a pu gouverner qu'en adoptant pour ainsi dire des mesures whigs.

Nous terminerons par quelques détails sur la constitution du pays. Le pouvoir exécutif est confié au lord lieutenant, qui représente le souverain du Royaume-Uni, tient une cour à Dublin, et est environné des attributs de la royauté. Ce haut fonctionnaire est assisté d'un conseil privé, dont l'approbation est indispensable pour valider chacun de ses actes. Il touche un traitement de 20,000 livres sterling (500,000 fr.), indépendamment de diverses sommes qui lui sont allouées pour couvrir ses frais de représentation. En l'absence du lord lieutenant du royaume, le pouvoir est déféré à trois *lords justices,* qui sont le lord chancelier, l'archevêque d'Armagh et le général commandant en chef de la force armée. Le royaume d'Irlande est divisé en quatre provinces, le Leinster, l'Ulster, le Munster et le Connaught, qui renferment trente-deux comtés. Les comtés sont subdivisés en baronnies et en paroisses. La baronnie équivaut au *hundred* d'Angleterre. Chaque comté est administré par un lord lieutenant et par des magistrats non salariés. Il paraît que ces fonctionnaires s'occupaient si peu des intérêts qui leur étaient confiés, qu'on a été obligé de leur adjoindre, il y a quelques années, des magistrats payés, sur lesquels pèse en réalité tout le poids des affaires. L'Irlande envoie 105 députés au parlement. Les pairs sont nommés à vie (1).

Deux populations bien distinctes vivent sous le régime que nous venons d'analyser succinctement. Le nord de l'Irlande est occupé par des protestants, presbytériens ou anglicans, les descendants des colons écossais ou anglais. Les autres parties du pays appartiennent presque entièrement à la religion catholique. Cette différence de culte est un autre obstacle aux progrès et au bien-être du peuple. Elle a occasionné trop souvent des conflits, des querelles particulières qui ont encore ajouté aux malheurs publics. Heureusement tout fait présager que l'esprit d'intolérance s'affaiblira de jour en jour. O'Connell a inauguré l'année dernière un monument destiné aux meetings, qu'il a baptisé du nom de Conciliation Hall. Espérons que ce mot conciliation deviendra désormais la devise de tous les Irlandais qui veulent sincèrement le bien de leur pays.

BARON TAYLOR.

(1) On sait que la pairie d'Angleterre est héréditaire et que les pairs écossais sont élus pour une législature seulement.

L'IRLANDE

AU

DIX-NEUVIÈME SIÈCLE.

PREMIÈRE PARTIE.

'Irlande n'est connue en France que par ses malheurs. Parmi nos compatriotes, il en est bien peu qui aient visité ce pays, que la nature s'était plu à embellir, et qui pendant plus de six siècles a subi les plus dures tyrannies, les persécutions les plus cruelles et les plus raffinées que le génie du mal ait jamais suggérées à des vainqueurs, à des bourreaux. Cependant, au milieu de ses ruines, l'Irlande est belle encore; ses maîtres n'ont pu lui enlever ses ravissants paysages, ses prairies toujours vertes, ses montagnes pittoresques, ses plaines si fécondes, et ses lacs magnifiques parsemés d'îles fraîches et embaumées. L'Irlande mérite toujours d'être appelée la *première fleur de la terre*, la *première perle de la mer* :

First flower of the earth,
First gem of the sea.

De tout temps il a été de mode en Angleterre de calomnier l'Irlande.

Il n'y a pas plus d'un demi-siècle, les hommes d'État, les historiens, les poëtes, les touristes, tous dans leurs discours ou dans leurs récits, représentaient l'Irlande comme une île sauvage, comme un repaire de brigands féroces et fanatiques. Faut-il le dire? des littérateurs célèbres sortis du sein même de cette malheureuse contrée, mais corrompus par les largesses de l'aristocratie anglaise, mais devenus les complaisants, les esclaves de cette société altière et égoïste, ont eu la triste gloire de flétrir leur mère-patrie, de ridiculiser dans leurs fictions en vers ou en prose leurs propres compatriotes, leurs propres frères. Le peuple anglais ne demandait pas mieux que de croire sur parole ces écrivains qui flattaient son orgueil et ses passions; il était bien rare qu'un voyageur anglais allât visiter l'Irlande dans le but d'étudier le pays et de rechercher la vérité. Ainsi l'Irlande, assise côte à côte avec l'Angleterre, au milieu de ce même Océan qui baigne les rives de la France, est restée à peu près inconnue, inexplorée comme une terre maudite jusqu'à la fin du siècle dernier. Tout ce que l'Europe savait de l'Irlande c'est que l'Angleterre y abusait affreusement de sa force; car les cris de douleur des victimes traversaient les mers et retentissaient dans tous les cœurs des peuples catholiques; car souvent des familles, des tribus, des bandes formidables de malheureux dépossédés de leurs biens, chassés de leur pays, abordaient sur quelque plage de la chrétienté demandant du pain, un asile, une patrie, toutes choses que la France n'a jamais refusées à des proscrits.

Le monde entier a donc été témoin du triste sort des Irlandais fugitifs; nos pères les ont accueillis comme des frères; tout catholique, tout chrétien s'est attendri au récit de leurs souffrances; mais l'Irlande, cette patrie bien-aimée, que ses enfants abandonnaient cependant plutôt que de trahir leur foi, cette terre arrosée de sang et de larmes, cette contrée qui a été le théâtre de luttes sans exemple dans l'histoire, n'a pas encore été décrite en France d'une manière complète et satisfaisante. En Angleterre, quelques publications récentes ont fait justice de la plupart des erreurs et des fables grossières accréditées par les voyageurs du siècle dernier; cependant, parmi les relations dont nous voulons parler il n'en est aucune qui ait le mérite d'être tout-à-fait impartiale, tant il est difficile pour un auteur anglais d'être juste envers l'Irlande. Nous croyons donc faire une œuvre utile en publiant ce travail, qui non seulement est le résultat de nos observations personnelles, mais qui résume les descriptions les plus fidèles, les récits les plus dignes de foi, enfin tous les ouvrages les plus consciencieux qui aient paru en Angleterre, en France et en Irlande.

Bien qu'il soit difficile de ne pas parler presque à chaque page des malheurs innombrables qui ont accablé l'Irlande; bien qu'à chaque pas que nous ferons avec le lecteur sur le sol de cette île infortunée, nous soyons exposés à rencontrer les traces d'une injustice, d'une violence, d'un crime, nous ne nous attacherons pas à dévoiler tous les maux dont nous avons été témoin, à traduire toutes les plaintes que nous avons recueillies. Un publiciste éminent nous a devancé dans cette voie; il s'est fait l'interprète des douleurs de l'Irlande, et s'est acquitté dignement de cette sainte mission. Son livre restera comme un plaidoyer sublime en faveur de l'Irlande martyre, comme une accusation véhémente et impérissable contre l'égoïsme, l'avidité et toutes les passions implacables de l'aristocratie anglaise. Pour nous, la tâche que nous avons choisie est moins glorieuse peut-être, mais elle est loin d'être aussi pénible. Nous nous occuperons de faire connaître les beautés naturelles de cette contrée méconnue et si souvent outragée; nous décrirons les merveilles que la Providence lui a si libéralement accordées; nous essaierons de peindre les sites délicieux, les perspectives enchantées que nous avons admirés. Nous prierons le lecteur tantôt de gravir avec nous les pentes ondulées d'une riante colline, nonchalamment assise sur un tapis de plaines de la plus fraîche verdure, tantôt de se transporter sur les sommets décharnés de ces rocs gigantesques dont les flancs ont été taillés ici régulièrement, plus loin si bizarrement par la main puissante d'un artiste inconnu. Quelquefois nous le ferons errer au milieu de ces ruines imposantes, de ces poétiques débris, qui témoignent si éloquemment de la grandeur du génie irlandais, et aussi des terribles épreuves qu'il a plu à Dieu d'envoyer à une nation courageuse. Nous interrogerons ces restes vénérables, nous étudierons les inscriptions et les emblèmes que le temps n'a pas encore effacés ; nous évoquerons les ombres de ces héros pieux et indomptables qui ont versé leur sang jusqu'à la dernière goutte pour la défense de leur patrie et de leur foi. Et si au milieu des sombres piliers tapissés de mousse et de lierre, parmi les vieilles tombes recouvertes de bruyères et de genêts sauvages, nous rencontrons parfois un jeune pâtre aux longs cheveux, aux jambes nues, à l'œil vif et intelligent, promenant tranquillement son troupeau, nous arrêterons cet enfant; nous le questionnerons, nous lui ferons redire dans sa langue sonore, et avec sa pantomime expressive, les combats de géants livrés par ses ancêtres ; et en effet il nous racontera, sans omettre aucun détail, aucune circonstance, les épisodes les plus dramatiques de cette guerre de six siècles.

C'est que l'Irlande est par excellence le pays de la tradition ; l'histoire de la patrie vit dans la mémoire du peuple, entourée du prestige d'une foule d'ornements et de fictions poétiques. L'humble tenancier, le pauvre paysan sait souvent mieux que le lord, que le hasard ou la force lui a donné pour maître, l'histoire de l'antique domaine qu'il arrose de ses sueurs. Non seulement chaque château, mais chaque village, chaque chaumière a ses chroniques merveilleuses, ses légendes qui se transmettent de génération en génération. Il n'y a pas de prairie, de montagne, de forêt, il n'est pas de rivière, de lac, de fontaine, de cascade, qui n'ait ses nymphes, ses génies, ses hôtes mystérieux. Chaque bouquet d'arbres, chaque buisson est l'objet d'un récit, le sujet de quelque ballade gracieuse ; chaque ruisseau murmure quelque douce et plaintive mélodie ; chaque plante, pour ainsi dire, exhale sa légende comme un parfum magique. L'Irlande fut surnommée dès les premiers siècles de l'ère chrétienne l'*Ile des Saints;* on voit par ce qui précède qu'elle aurait pu s'appeler aussi bien le *Pays des Fées*.

Nous ferons un choix parmi toutes ces traditions vraies ou fausses ;

nous traduirons seulement les plus curieuses, les plus poétiques, celles qui font le mieux connaître la nature du génie irlandais. Nous esquisserons aussi les traits piquants des paysans irlandais, race originale, passionnée et irritable, mais douée de facultés remarquables, d'une vive intelligence, d'une exquise finesse de sentiments. Nous ferons voir la classe moyenne par qui l'Irlande doit se régénérer, luttant, travaillant, s'accroissant tous les jours, marchant rapidement à son but. Nous espérons démontrer que tout espoir est loin d'être perdu pour l'Irlande; que, grâce aux ressources innombrables qu'elle possède, grâce aux libertés qu'elle a conquises, elle ne peut manquer de reprendre son rang parmi les nations. Déjà elle s'est réveillée de cet engourdissement mortel auquel l'avait condamnée ses tyrans; son industrie, son commerce, arrêtés longtemps par la jalousie de l'Angleterre, ont pris récemment un prodigieux développement; dans cinquante ans, Cork et Dublin rivaliseront peut-être avec Londres et Liverpool.

Nous nous estimerons heureux si nous pouvons faire partager à nos lecteurs notre ardente sympathie pour l'Irlande, et les espérances que son avenir nous fait concevoir. En attendant la réalisation des vœux que nous formons pour la prospérité de ce beau pays, si nos récits, si nos descriptions peuvent contribuer à engager quelques-uns de nos compatriotes poëtes, artistes ou hommes du monde, à aller le voir par eux-mêmes, nous nous croirons récompensés de nos efforts, et nous aurons l'orgueil de penser que nous avons fait quelque bien à l'Irlande.

CHAPITRE PREMIER.

DE LONDRES A BRISTOL. — DE BRISTOL A CORK. — COUP D'OEIL RÉTROSPECTIF.

es voyageurs qui partent de la Grande-Bretagne pour aller visiter l'Irlande ont à choisir entre différents ports, tous également bien pourvus de superbes et confortables paquebots. Liverpool et Dublin, Greenock et Belfast, ne sont plus séparés que par douze heures de mer ; la traversée d'Holyhead à Dublin n'est que de six heures ; enfin les touristes qui n'ont pas le pied marin peuvent s'embarquer à Port-Patrick, jolie petite ville du comté de Wigton, et en moins de deux heures, quand le temps est calme, ils toucheront le sol de l'Irlande à Donaghadee. Pour nous, qui sommes aguerris et qui ne craignons pas la mer, voici l'itinéraire que nous nous proposons de suivre, et nous invitons instamment le lecteur à vouloir bien nous accompagner.

Nous sommes à Londres, l'énorme métropole, le vaste centre d'où rayonnent comme autant d'artères cent grandes routes, canaux ou chemins de fer qui entretiennent dans les parties les plus reculées de la Grande-Bretagne cette merveilleuse activité qui caractérise si éminemment la nation anglaise. Entre toutes les voies de fer qui concourent à la prospérité du pays, la plus belle, la mieux servie et l'une des plus utiles est sans contredit celle qui conduit de Londres à Bristol ; on la nomme *Great Western Railway, le grand chemin de fer de l'Ouest,* parce qu'en effet elle dessert la partie occidentale de l'Angleterre. Montons donc dans un de ces élégants wagons qui sont symétriquement divisés en huit bons fauteuils mollement rembourrés et recouverts de drap de velours gris tendre.

Nous saluerons d'abord sur notre route Windsor, le plus magnifique des châteaux royaux et la résidence favorite de la reine Victoria. Déjà nous apercevons, à une distance de plus de six milles, les tours crénelées du vieux manoir bâti par Guillaume le Conquérant. L'étendard national flotte au milieu des nues : c'est le signal auquel on reconnaît la présence de la reine. Nous voici arrivés à la base de la montagne qui sert de piédestal à la forteresse des rois normands ; nous voyons distinctement les parois grisâtres de la grosse tour ronde , les ogives longues et sveltes, les remparts convertis en jardins; mais la locomotive, ce fougueux coursier à la bouche enflammée, ne nous laisse pas le temps d'examiner ; elle nous entraîne impitoyablement, et bientôt nous aurons perdu de vue Windsor, ses hautes murailles et les sombres masses des grands chênes aussi vieux que les murailles, aussi vieux que la monarchie. Nous dévorons l'espace; nous parcourons à vo d'oiseau un pays fertile et bien cultivé. Cette ville élégante, splendidement bâtie et qui semble toute neuve, c'est Reading, cité opulente, séjour préféré de l'aristocratie. Puis nous traversons une foule de bourgs et de villages dont nous n'avons pas même le temps de demander les noms; au moyen d'un pont hardiment suspendu, nous passons au dessus d'un hameau dont les habitants nous regardent ébahis, nous prenant sans doute pour un de ces bataillons aériens dont parle l'Ecriture; plus loin le convoi s'engage dans un tunnel ténébreux, long tube percé dans le flanc d'une montagne, et qui se prolonge sous les fondations de plusieurs bourgs et jusque sous le lit d'un fleuve. Enfin nous sortons des entrailles de la terre , nous respirons. Et bientôt nous touchons à Bath, ville épiscopale, ville de bains, c'est-à-dire ville de luxe et de plaisirs. Nous apprenons en passant que Bath possède un beau théâtre, un somptueux bazar, de vastes *squares* et des ruines romaines assez importantes. Mais peu nous importe; nous ne pensons qu'à aller en avant et qu'en peu d'instants nous arriverons à Bristol. En effet, déjà nous distinguons des clochers et de longues cheminées semblables à des obélisques : c'est Bristol, la grande, l'active, l'industrieuse cité, Bristol, la quatrième ville de l'Angleterre et qui à elle seule forme un comté. La machine ralentit peu à peu sa course, des coups de sifflet grincent à nos oreilles, des ordres s'échangent et se croisent; des commis en uniforme, des domestiques en livrée s'empressent de toutes parts; nous sommes au débarcadère, nous sommes à Bristol. Ainsi, nous avons fait plus de cent trente milles en moins de cinq heures, nous avons parcouru l'Angleterre dans toute sa largeur, de l'est à l'ouest; nous avons volé d'une mer à l'autre avec une promptitude merveilleuse, et tout cela sans peine ni fatigue.

Lecteur, vous pouvez, pour vous dégourdir les jambes, employer votre soirée à parcourir les ruelles tortueuses des vieux quartiers de Bristol, ou les rues alignées et les *squares* de la ville neuve; mais demain, au point du jour, je vous attends sur le port : le bateau qui conduit à Cork part à sept heures du matin.

Bristol est située au confluent de l'Avon et de la Severne; c'set une ville fort ancienne, et, si l'on en croit les antiquaires, sa fondation remonterait à quatre siècles avant l'ère chrétienne. Cité populeuse et industrielle, elle présente les mêmes misères et les mêmes contrastes que Manchester et Liverpool : un peuple immense, travaillant avec un admirable courage, avec une incroyable activité, mais vivant au jour le jour, buvant tout ce qu'il gagne et mourant de faim quand les travaux s'arrêtent; au dessus du peuple trône une aristocratie marchande qui a des palais, des villas somptueuses dans les compagnes environnantes, des équipages, des chevaux de prix et des laquais poudrés et chamarrés d'or.

Le port de Bristol est l'un des quatre grands ports de commerce d'Angleterre; les navires de toutes les nations s'y pressent en chaque saison; des compagnies y ont établi des paquebots qui, chaque jour et presque à chaque heure, partent pour diverses destinations. L'opulente compagnie de Saint-Georges (*Saint-Georges steam company*), qui compte déjà seize années d'existence, a, pour ainsi dire, le monopole du transport des voyageurs en Irlande; ses magnifiques paquebots font le service entre Bristol, Liverpool, et Dublin, Cork ou Waterford. Voyez cet élégant navire, aux sveltes proportions, si propre, si luisant, et dont la poupe est décorée d'une harpe d'or de douze pieds de haut, surmontée d'un oiseau au plumage d'argent: c'est *le Cygne*, c'est le *steamer* qui va nous emporter. L'immense cheminée vomit de noires spirales de fumée; déjà les passagers s'empressent sur le pont; à l'avant les malles, les paquets, les bagages de toute forme et de toute couleur s'entassent en pyramides; hâtons-nous de descendre à bord et de choisir notre place dans la cabine, car nous resterons au moins vingt-quatre heures en mer.

Le signal est donné, nous partons; *le Cygne* agite ses bruyantes nageoires, et glisse sur la Severne avec une remarquable vigueur: il coupe en droite ligne la surface unie du fleuve et dépasse fièrement tous les autres *steamers*. Mais bientôt nous sentons de légères secousses, les vagues commencent à moutonner, nos lèvres s'imprègnent d'une saveur salée, nous entrons dans le bras de mer appelé par les géographes le canal de Bristol. Dans quelques heures, les côtes du Devonshire ne nous apparaîtront plus que comme un long ruban d'un vert sombre, et les montagnes du pays de Galles ne seront plus pour nous que des points imperceptibles. « Au train dont nous allons, s'écrie le *steward*, espèce de factotum invariablement habillé d'une veste et d'un pantalon collant de drap bleu, et coiffé d'une casquette ornée d'un galon d'or, c'est à peine si nous serons vingt-quatre heures en mer; quel plaisir de naviguer aujourd'hui malgré les vents contraires, les bourrasques et les coups de mer ! Croiriez-vous, *gentlemen*, qu'avant l'établissement des paquebots, du temps des navires à voiles, on mettait souvent trois semaines, un mois, pour aller de Bristol à Cork? Je me rappellerai toujours la mésaventure d'un pauvre officier irlandais, qui avait obtenu un congé de deux mois pour aller voir sa famille aux environs de Waterford, et qui pendant deux mois, c'est-à-dire pendant tout le temps de son congé, essaya vainement de passer la mer. Durant deux mois entiers, les vents d'ouest ne cessèrent de souffler et repoussèrent constamment le navire sur les côtes d'Angleterre ; il lui fut impossible de dépasser le petit village de Pill, cette langue de terre que vous apercevriez là-bas, au bout de mon doigt, si le temps était plus clair. » Mais tournons les talons à l'honnête *steward*, qui nous paraît d'humeur assez familière et un peu expansive, ce qui nous annonce déjà l'approche de l'Irlande ; allons nous établir sur une des banquettes de l'arrière, de manière à pouvoir contempler à notre aise le double spectacle de la mer et du ciel. Et maintenant que nous sommes mollement étendus au milieu d'une pile de moelleux coussins, et chaudement enveloppés dans nos manteaux, fouillons dans notre bibliothèque de voyage et ouvrons l'histoire d'Irlande. Nous ferons bien de parcourir rapidement les annales si curieuses du peuple que nous allons observer ; cette courte lecture doublera le plaisir et l'intérêt de notre voyage.

L'Irlande est située à l'ouest de l'Angletere et au sud-est de l'Écosse ; elle est comprise entre le 51e et le 55e degré 30' de latitude septentrionale, et entre le 7e degré 50' et le 12e 30' de longitude occidentale. Elle est baignée à l'ouest, au sud et au nord par l'Atlantique ; à l'est, elle a pour limites le canal Saint-Georges, la mer d'Irlande et le canal du nord, qui la séparent de l'Angleterre et de l'Écosse. Les quatre grandes provinces de l'Irlande, le Leinster, l'Ulster, le Connaught et le Munster, sont divisés en comtés qui se subdivisent eux-mêmes en baronnies. Quelques historiens pensent que l'Irlande a été visitée et colonisée par les Phéniciens. Ce qui est certain, c'est qu'Aristote et Strabon ont fait mention de l'Irlande et lui ont donné le nom *d'Ierne*, dérivé probablement du vieux nom indigène *Erin*. César, Tacite et Pline, l'appellent *Hibernia*; Pomponius Mela et Ptolémée la désignent en plusieurs endroits par le nom de *Juverna*. A l'époque où les empereurs romains retirèrent leurs légions de la Grande-Bretagne, les *Scots* commençaient à se faire connaître comme la plus belliqueuse et la plus redoutable des tribus irlandaises, et, peu de temps après, ils imposèrent leur joug à la plus grande partie de l'île, qui prit alors le nom de *Scotia*. Tous les chroniqueurs, et principalement les écrivains ecclésiastiques, lui conservent ce nom jusqu'au onzième siècle; c'est alors que la partie septentrionale de la Grande-Bretagne, qui à son tour était devenue le domaine des Scots, reçut aussi le nom de *Scotia*, qu'elle devait garder jusqu'à nos jours. Nous retrouvons en même temps dans les vieux parchemins des moines le nom *d'Hibernia*, qui reste à l'antique Erin jusqu'à ce qu'elle prenne définitivement le nom gothique d'Irlande, *Ireland*, c'est-à-dire, *terre de l'ouest*.

Les premiers habitants de l'Irlande appartinrent évidemment comme leurs voisins les Bretons à la grande famille celtique. Les savants ont longuement discuté pour déterminer si les premiers colons de l'Irlande étaient venus de la Bretagne, de la Gaule ou de l'Espagne; cette question est réellement insoluble et peu importante pour nous. Les Anglais démontrent que les émigrants partis du continent ont dû nécessairement traverser d'abord l'Angleterre; les écrivains nationaux, s'appuyant de l'autorité de vieilles traditions, soutiennent de leur côté que des tribus espagnoles ont peuplé l'Irlande à une époque très reculée, et que cette île jouissait déjà d'une civilisation avancée et d'une organisation régulière quand la Bretagne était encore à l'état sauvage. Nous laisserons les antagonistes aux prises, sans prétendre aucunement décider entre eux; évitant toute controverse, nous ne nous arrêterons qu'aux époques réellement historiques. De temps immémorial l'Irlande a été gouvernée par une foule de petits princes perpétuellement en guerre les uns contre les autres; la guerre est, pour ainsi dire, l'état normal des peuples barbares. Le druidisme, qui a laissé dans l'île de nombreux monuments, y a régné longtemps presque exclusivement, mais dès le premier siècle de l'ère chrétienne l'évangile eut des prosélytes dans les clans irlandais. Toutefois la gloire de la conversion complète et définitive du pays revient à saint Patrick, le saint le plus populaire de l'Irlande. La vie de saint Patrick, les conversions, les miracles qu'il a opérés, les visions que le ciel lui a envoyées forment encore aujourd'hui le thème favori des conversations de toutes les chaumières. L'apôtre de l'Irlande était petit neveu de saint Martin de Tours; il n'avait encore que seize ans lorsqu'il fut mené captif en Irlande et vendu comme un autre Joseph, selon l'expression de l'abbé Mac-Geoghegan. Après six années d'esclavage, Patrick réussit à s'échapper et à regagner son pays natal, le territoire de *Tabernia*, village de la Grande-Bretagne, où il retrouva ses parents (1). « Ayant resté quelque temps « chez eux, il vit en songe, la nuit, un homme arrivé d'Irlande portant « un paquet de lettres, dont il lui en donna une à lire, qui commençoit « par ces mots : *Vox Hibernionacum*, la voix des Irlandois. Pendant « qu'il lisoit cette lettre, il croyoit entendre les cris des habitants du « voisinage du bois de Foclut, dans le territoire de Tiramalgaid, à pré- « sent la baronnie de Tirawly, au comté de Mayo, qui l'invitoient d'une « voix unanime à venir chez eux; ce qui lui toucha si fort le cœur, « qu'il ne put continuer la lecture de sa lettre, et là-dessus il s'éveilla.

« Patrick frappé de cette vision, qui lui rappeloit le souvenir de son « séjour en Irlande, conçut secrètement le dessin d'y retourner pour « travailler à la conversion de ces insulaires. Pour se mettre en état de « s'acquitter d'un ministère si saint, il prit la résolution de quitter « son pays et d'aller chercher dans les pays étrangers les lumières et « les connaissances nécessaires à l'apostolat, et, sans écouter les prières « de ses parents qui vouloient l'arrêter chez eux.

« Il avoit alors environ vingt-trois ans; il s'en alla d'abord au monas-

(1) Mac Geoghegan, tome Ier, page 241.

« tère de Marmoutiers, bâti auprès de Tours par saint Martin, évêque « de cette ville et oncle de Conchessa, sa mère : il reçut de ce saint la « tonsure cléricale et l'habit monastique. » Mais il nous serait difficile de suivre le patron de l'Irlande dans toutes ses pérégrinations, comme aussi de mentionner toutes les circonstances remarquables de son apostolat, les combats spirituels qu'il livra aux druides, les bonnes œuvres, les bienfaits de toute sorte qu'il répandait partout sur son passage, les églises, les abbayes qui s'élevaient de toutes parts à son commandement et se bâtissaient à sa voix comme par enchantement. « L'Irlande (1) a « vu presque aussitôt des moines que des chrétiens. . . . .
« On compte en Irlande, dans ces premiers temps, treize Ordres ou « Règles particulières, savoir : ceux de Saint-Ailbe, de Saint-Declan, de « Saint-Patrick, de Saint-Columb, de Saint-Carthach, de Saint-Molna, « autrement Lugidus, de Saint-Moctée, de Saint-Finian, de Saint-Columban, de Saint-Brendan et la Règle instituée par Sainte Brigide pour « les filles. . . . .

. . . .

« Au reste, l'Irlande se pouvoit vanter alors d'être, à l'égard du « reste de l'Europe, comme un séminaire de sainteté, où les chrétiens « des autres nations venoient en foule apprendre la pratique des vertus « chrétiennes, et d'où sortoit journellement un nombre infini de « saints, qui se dispersèrent dans toutes les parties de l'Europe, où « ils ont fondé de fameuses abbayes dont on voit encore les glorieux « monuments. En sorte qu'on pourroit appeler l'Irlande dans ces siècles « d'or, *in aureis illis seminatæ fidei primordiis*, la Thébaïde de l'Occident. Il sembloit même, dit Allemand, qu'il suffisoit alors d'être Irlandois, où d'avoir été en Irlande, pour être saint et devenir incontinent « fondateur de quelque abbaye. Le ciel, qui dans ces siècles de sang, livroit le reste de l'Europe aux plus cruelles catastrophes et aux plus « étonnantes révolutions, sembloit ne répandre alors des grâces et des

(1) Mac-Geoghegan, tome Ier, page 275.

« bénédictions que sur cette île paisible, où les autres nations les al-
« loient puiser comme dans une source abondante et intarissable. »

Le sort de l'Irlande a bien changé depuis. Pendant le cinquième, le sixième, le septième et même pendant le huitième siècle, l'Irlande se couvrit donc de monastères, se peupla de moines et de saints abbés, qui étaient constamment occupés à dompter l'ardeur belliqueuse des chefs de clans, à apaiser leurs discordes sans cesse renaissantes. L'île était partagée en quatre royaumes, subdivisés à leur tour en une foule de petites principautés, de clans, de tribus à peu près indépendantes. L'un des quatre rois prenait le titre de monarque de toute l'Irlande, *maximus rex*, en irlandais *Ardriagh*; ce titre, bien que purement nominal et sans valeur réelle, était l'une des grandes causes de guerre entre les divers royaumes, et chaque tribu, chaque famille prenait fait et cause pour le candidat de son choix. « D'ailleurs, la part du grand roi « était plutôt l'expédition que la décision des affaires générales; car tout « se décidait dans des conseils, grands ou petits, tenus en plein air, « sur des collines entourées d'nn large fossé. Là se faisaient les lois du « pays, et se débattaient, d'une manière souvent tumultueuse, les con- « testations de province à province, de ville à ville, et quelquefois « d'homme à homme (1). » A partir du commencement du neuvième siècle, l'Irlande, qui, grâce à sa position isolée, avait échappé au joug des Romains et aux guerres d'extermination des barbares, fut envahie, pour la première fois, par des conquérants étrangers. Pendant plus de deux cents ans, les Danois insultèrent les côtes d'Irlande, ravagèrent le pays, et malgré les efforts de plusieurs héros, souvent célébrés dans les ballades et les chants populaires, finirent par s'y établir tout-à-fait, principalement sur le littoral de l'est et du sud, où ils fondèrent des villes qui sont devenues par la suite les plus importantes du royaume, telles que Dublin, Wexford et Waterford. L'occupation danoise fut néanmoins vivement et opiniâtrément contestée. Plusieurs grands

(1) Augustin Thierry, *Histoire de la conquête de l'Angleterre par les Normands*, tome III, page 216.

chefs irlandais battirent en diverses rencontres la marine des envahisseurs, et Brien Borombe, roi de toute l'Irlande, remporta sur leur armée de terre la célèbre victoire de Clontarf en 1014.

L'Irlande était donc affaiblie par les longues luttes qu'elle avait soutenues contre les Danois, lorsque Henry II songea à s'en emparer, pour satisfaire aux exigences de ses chevaliers normands, qui ne trouvaient plus rien à prendre en Angleterre, tant Guillaume-le-Conquérant, ses compagnons d'armes et ses successeurs s'étaient empressés à dépouiller la race saxonne. En 1156, Henry II d'Angleterre se fait adjuger l'Irlande par une bulle du pape Adrien IV, qui était lui-même anglais de nais-« sance. « Il est hors de doute, disait le saint Père, que toutes les îles « sur lesquelles a lui le Christ, soleil de justice, et qui ont reçu les « enseignements de la foi, appartiennent de droit légitime à saint Pierre « et à la très sainte et sacrée Église de Rome. » Le roi d'Angleterre épiait sans doute l'occasion favorable, lorsqu'un prétexte vint s'offrir fort à propos et servir admirablement ses vues. Dermot O'Morrogh, roi de Leinster, ayant été chassé de ses états pour avoir enlevé la femme du roi de Meath, vint implorer le secours des Anglo-Normands. Henry II, on le pense bien, embrassa chaudement la cause du prince détrôné, et lâcha sur l'Irlande Richard Strongbow, comte de Pembroke, Robert Fitz-Stephen, Hervé de Mont-Marais, Netterville, Lacy, une foule de chevaliers Normands, Bretons ou Gascons, la plupart cadets de famille, qui avaient leur fortune à gagner à la pointe de leur lance. Les Anglo-Normands s'établirent facilement dans le Leinster qui avait déjà été en partie soumis aux Danois; ils reconquirent d'abord les états de Dermot, leur allié, mais ils s'en emparèrent sans scrupule; ce fut là leur premier parjure.

Voici comment l'abbé Mac-Geoghegan explique les progrès des Anglo-Normands en Irlande : « La différence des armes et la manière de « combattre décide souvent du sort des combats. L'usage des flèches, « qui avoit rendu les Normands supérieurs aux Auglois à la bataille de « Hastings, et qui avait contribué efficacement à la conquête de l'Angle-

« terre, quoique connu aux Irlandais païens, paroît avoir été ignoré ou « négligé par ce même peuple devenu chrétien, puisque les avantages « que les Anglois eurent sur eux en différentes rencontres n'étoient « dus qu'à l'usage qu'ils avoient de ces armes.

« Les Irlandois, toujours accoutumés à combattre en rase campagne, « n'avoient encore ni l'usage des fortifications, ni l'expérience des « siéges. Les Anglois, qui possédoient l'art de la guerre, s'étant rendus « d'abord maîtres des ports de mer, avoient par ce moyen un accès « libre dans cette île; à mesure qu'ils y gagnoient du terrain, ils avoient « soin de bâtir des châteaux forts, qui leur servoient de retraite et d'a« sile contre leurs ennemis. »

Plus loin, notre auteur ajoute : « Les Irlandois portoient un respect « et une soumission aveugles à tout ce qui venoit de Rome. Les bulles « d'Adrien IV et d'Alexandre III leur avoient fait impression. On les a « vus quelquefois mettre bas les armes, et se soumettre aux Anglois, « pour obéir aux ordres du cardinal Vivien, légat du pape, qui leur dé« fendoit, sous peine d'excommunication, d'en venir aux mains avec « eux. D'ailleurs, leur bonté naturelle ou plutôt leur simplicité les fai« soit trop compter sur la bonne foi des Anglois. »

Quoi qu'il en soit, les Anglo-Normands, à qui la complicité de Dermot avait ouvert un accès facile en Irlande, ne purent s'y maintenir qu'avec de grands efforts, et n'avancèrent que péniblement dans l'intérieur du pays. Les Irlandais, fiers et courageux, passionnés pour l'indépendance, religieusement attachés aux coutumes et aux traditions de leurs ancêtres, disputèrent le terrain pied à pied; ils auraient immanquablement réussi à chasser les envahisseurs si, au lieu d'être divisés, comme nous l'avons dit, en une foule de petites tribus rivales, ils n'avaient formé qu'une seule et même nation unie et compacte, ou même s'ils avaient su s'entendre et se réunir contre l'ennemi commun. Pendant plus de quatre cents ans, l'histoire de l'Irlande n'offre qu'une série de guerres, de pillages, de massacres et d'horribles représailles. Les Anglais vivaient retranchés dans l'intérieur du *Pale*, espèce de palissade ou de fortification qui ne s'étendit jamais, durant cette période, au-delà de la province de Leinster et de la partie septentrionale du Munster. Les limites du *Pale* changeaient à tout instant, avançaient ou reculaient sans cesse; tantôt les Irlandais arrachaient les palissades et faisaient irruption sur le territoire occupé par leurs ennemis, et regagnaient ce qu'ils avaient perdu; tantôt c'étaient les Anglais qui portaient la terreur et la dévastation dans les campagnes des indigènes et s'emparaient de quelque nouveau domaine. Pendant toute l'époque féodale, la conquête anglaise fut donc toujours restreinte et contestée. La politique des rois d'Angleterre s'appliqua à entretenir cet état de choses, de peur que les grands vassaux d'Irlande, devenus trop puissants, et séparés par la mer de leur suzerain, ne fussent tentés de se rendre indépendants. C'est dans le même but que Henry II et ses successeurs s'efforcèrent d'empêcher toute fusion entre les colons anglais et les indigènes. Toutefois, malgré les défenses royales, malgré les haines nationales, il arriva souvent que les vainqueurs et les vaincus se mêlèrent; on vit les conquérants, oubliant les coutumes de l'Angleterre pour adopter celles de leur nouvelle patrie, devenir plus Irlandais que les Irlandais eux-mêmes : *Ipsis Hybernis Hyberniores;* mais ils furent cruellement châtiés par Édouard III. Ce prince « déclara (1) incapables d'être propriétaires tous les Anglais nés « en Irlande, mit à leur place des Anglais nouvellement arrivés d'An- « gleterre, et enfin fit adopter, dans un parlement anglais composé de « ses créatures, le fameux statut de Kilkenny.

« Par cet acte, il était interdit, sous les peines de la haute trahison, « de contracter avec les Irlandais aucune alliance par le mariage, de for- « mer avec eux aucune association, et de vivre selon leurs lois. La con- « fiscation et l'emprisonnement attendaient tout Anglais qui adoptait « le costume des Irlandais, laissait comme eux sa barbe pousser sur la « lèvre supérieure, portait des vêtements de plusieurs couleurs, prenait « un nom du pays, et en parlait la langue. L'Anglais qui permettait à

(1) De Beaumont, tome Ier, page 28.

« un Irlandais, son voisin, de mener son bétail paître sur ses terres, se « rendait coupable d'un délit. Il était sévèrement défendu d'admettre « dans les emplois publics un individu d'origine irlandaise.

« Ces prescriptions n'étaient point de vaines menaces. Le comte de « Desmond, l'un des plus grands barons Anglo-Normands d'Irlande, « fut, sous le règne d'Édouard IV, condamné à mort et exécuté pour « avoir épousé une femme de sang irlandais. »

Jusqu'ici l'Irlande n'a été opprimée et exploitée que par l'aristocratie, par les aventuriers et les marchands, par une portion seulement de la nation anglaise ; mais quand l'Angleterre va devenir protestante, tout le peuple anglais sera l'ennemi de l'Irlande demeurée catholique ; la lutte prendra d'énormes proportions, ce sera à la fois une guerre de race contre race, et une guerre de religion.

Henry VIII prend le premier le titre de *roi d'Irlande* ; jusqu'alors les rois d'Angleterre s'étaient fait appeler seulement *seigneurs d'Irlande*. Il résout de dépouiller le clergé irlandais comme il a dépouillé le clergé anglais, et enfin de conquérir toute l'Irlande. Mais il n'eut pas le loisir de réaliser lui-même son projet ; c'était à sa digne fille Elisabeth qu'en était réservée l'exécution. Elisabeth dépensa pour soumettre l'Irlande 86 millions de francs, somme énorme pour le temps, et réussit à exterminer la plus grande partie de la population (1). « Le pays, dit Holingshed, écrivain contemporain, qui auparavant était riche, fertile, « très peuplé, chargé de riches pâturages, de moissons, de bestiaux, « est maintenant désert et stérile ; il ne produit plus aucun fruit, plus « de blés dans les champs, plus de bestiaux dans les pâturages, plus « d'oiseaux dans les airs, plus de poissons dans les rivières ; en un mot, « la malédiction du ciel est si grande sur ce pays que qui le parcourrait d'un bout à l'autre rencontrerait à peine un homme, une femme « ou un enfant. »

Mais les Irlandais ne s'étaient pas laissés égorger sans se défendre

(1) De Beaumont, tome Ier, p. 36.

vaillamment. O' Neil, comte de Tyrone, et une foule d'autres chefs se sont immortalisés par les combats héroïques qu'ils livrèrent aux troupes royales, et il ne fallut rien moins que tous les efforts des capitaines les plus consommés de l'armée anglaise, tels que Norris, Essex, Clifford, Montjoie, pour faire triompher l'inexorable volonté d'Elisabeth. Les Irlandais torturés, décimés, dépouillés de leurs biens, n'en demeurèrent que plus fidèles à leur culte, car, selon les nobles expressions de M. de Beaumont, « c'est une disposition naturelle à l'homme, quand il subit « une violence matérielle, de se réfugier dans son âme et de s'y proclamer « mer libre dans le temps même que ses bras sont chargés de fer. » Jacques Ier, dont les catholiques avaient salué l'avénement comme une ère de délivrance, ne tarda pas à détruire cruellement leurs espérances. Il défendit l'exercice du culte catholique, persécuta les prêtres et enjoignit sous les peines les plus sévères à ses sujets irlandais d'assister le dimanche au service anglican. « Mais le caractère (1) le plus odieux « de ce règne, fut l'hypocrite légalité du pillage aidée de la complicité « des tribunaux. Ce roi sophiste, qui se plaisait aux chicanes de la théo- « logie et du droit, exerça les subtilités de son esprit à faire aux Irlan- « dais une guerre de procureur. Sous prétexte de rendre à chacun ce « qui lui appartenait, il établit une enquête générale sur tous les titres « de propriété, et comme ces titres devaient être conformes à la loi an- « glaise, la plupart des chefs de famille irlandais qui ne possédaient « leurs biens que par traditions, furent chassés de leurs terres qui « étaient réunies au domaine du roi, ou livrés à des seigneurs venus « des bords de la Tamise ou de la Clyde.

« Ceux qui avaient des titres les voyaient contestés par les hommes « de loi qui accouraient en foule pour soutenir les droits du roi. Des « nuées d'*éplucheurs* parcouraient les villes et les campagnes, vérifiant « et contestant les actes, déchiffrant les parchemins et mettant en ques- « tion toute propriété.

(1) Elias Regnault, *Histoire criminelle du gouvernement anglais.*

« Pour ajouter encore à la cruauté de ces moqueries légales, on con-
« fiait à des jurys la décision des contestations. Mais tout juré qui ne
« donnait pas gain de cause à la couronne était aussitôt jeté en prison.
« Il y eut un cas où, par cette méthode d'intimidation, un comté tout
« entier fut dévolu au trésor royal. En l'année 1611, une commission
« fut nommée pour examiner les droits de sa majesté sur le comté de
« Wexford. Le jury répondit à la réclamation royale par un verdict
« d'*ignoramus* (non lieu); les commissaires refusèrent d'accepter le
« verdict et citèrent les jurés devant la cour de l'échiquier. Cinq
« d'entre eux, ayant persisté dans leur décision, furent envoyés en pri-
« son par ordre des commissaires. C'est de la même manière que, sous
« le prétexte d'une conspiration qui pour la première fois peut-être en
« Irlande était imaginaire, six comtés entiers de l'Ulster se trouvèrent
« annexés à la couronne. »

Sous Charles Ier, ce fut Strafford qui voulut être le bourreau de l'Irlande. Mais nous contiendrons l'indignation que nous inspirent les violences dont ils furent coupables tous deux; car tous deux, le monarque et le ministre, les ont tristement expiées sur l'échafaud. Et pourtant, quand Charles Stuart fut réduit à implorer le secours de ces Irlandais qu'il avait cruellement persécutés, ils répondirent aussitôt à son appel. Il est vrai que la cause de la monarchie était en quelque sorte devenue la leur; car le roi d'Angleterre et l'Irlande catholique avaient désormais pour ennemi commun, pour ennemi implacable, toute la Grande-Bretagne puritaine.

Alors, dit M. de Beaumont : « Alors furent poussés deux cris terri-
« bles de destruction; l'un en Angleterre : guerre aux catholiques
« d'Irlande! l'autre en Irlande : guerre aux protestants d'Angleterre!

. . . .

« Le jour où le puritanisme écossais fut maître du roi et de l'Angleterre,
« l'Irlande catholique fut placée tout entière sous le coup d'une menace
« d'extermination. Elle n'attendit pas l'agression pour se défendre; et
« au mois d'octobre 1641, une insurrection formidable éclata. Tous

« ces Irlandais de l'Ulster, que Jacques 1er avait si ingénieusement « expulsés de leurs habitations et de leurs terres, pour mettre à leur « place des Anglais et des Ecossais, se soulevèrent en masse et tombè-« rent sur les colons protestants. En quelques jours, O'Nial, chef de la « rebellion, se trouva à la tête de trente mille combattants. . . .

. . . .

« D'abord l'insurrection fut en quelque sorte régulière; les rebelles se « bornèrent à reprendre les biens qui leur avaient jadis appartenu, sans « commettre aucune violence inutile. Leur succès rapide et d'abord non « contesté leur donnait la générosité de la force; mais des résistances « s'étant offertes, et leurs premiers triomphes ayant été suivis de quel-« ques revers, leur violence ne connut plus de bornes; ils devinrent « meurtriers et sanguinaires; ils firent serment de ne pas laisser dans « le pays un seul Anglais. Ce fut alors que la guerre civile et religieuse « se montra dans toute son horreur. . . . .

. . . .

« En peu de temps, plus de douze mille protestants, anglicans ou pres-« bytériens, furent massacrés. Ceux qui ne perdirent point la vie furent « au moins chassés de leurs terres et de leurs habitations, où se repla-« cèrent d'eux-mêmes les anciens possesseurs. »

Cromwell se chargea de venger le protestantisme : s'étant mis à la tête de l'armée d'Irlande, il reprit successivement toutes les places que les catholiques avaient enlevées aux parlementaires. En entrant dans une ville, il tuait, fusillait, massacrait quelquefois, au mépris de la capitulation qu'il avait lui-même signée, non seulement la garnison, mais tous les habitants qui avaient pris part à l'insurrection; il frappait aussi bien les catholiques d'origine anglaise que les catholiques de sang irlandais. Nous rencontrerons plus d'une fois, dans le cours de notre voyage, les traces encore visibles des rigueurs sanglantes de Cromwell. Même après deux siècles, son nom est toujours un objet d'effroi; sa mémoire est restée chargée de presque toutes les atrocités qui ont été commises, non seulement par lui ou ses lieutenants, mais par beaucoup de ceux qui, avant ou après lui, ont tyrannisé l'Irlande. C'est Cromwell qui eut l'idée d'emprisonner, dans un coin du pays, tout ce qui restait de la population catholique. Tous les catholiques irlandais durent, dans un temps donné et sous peine de mort, aller se cacher dans le Connaught; les soldats du Protecteur les chassaient devant eux en criant : *Go to hell or to Connaught; — vas en enfer ou au Connaught.* Ensuite il fut ordonné de faire feu sur tout catholique qui passerait la rive du Shannon, limite de la prison commune.

La restauration n'apporta point de soulagement à la misère des Irlandais. Charles II confirma toutes les confiscations qui avaient été prononcées sous la république, sanctionna toutes les transactions des meurtriers de son père, au détriment des derniers défenseurs du trône. Ajoutons toutefois, pour son excuse, que quand même il eût été réellement bien disposé pour l'Irlande, les nécessités de la politique, les difficultés de sa position, les passions du temps, l'eussent empêché d'être juste. En effet, nous voyons Jacques II, son successeur, brusquement renversé après trois ans de règne, pour avoir été favorable au catholicisme.

C'est en Irlande, parmi les catholiques, que le monarque détrôné alla naturellement chercher des soldats : l'Irlande s'était déjà soulevée avec enthousiasme pour la cause du roi catholique, qui, assurément, eût recouvré sa couronne s'il eût été digne de sa vaillante armée. Jacques convoqua un parlement à Dublin, au mois de mai 1689; pendant un an il fut le maître de presque tout le pays, et le catholicisme triompha. Louis XIV, qui avait accueilli le roi d'Angleterre à sa cour avec les plus grands égards, le soutint énergiquement, et, pour ainsi dire, malgré lui, dans son expédition d'Irlande; il le força à accepter le secours d'une armée, en lui disant noblement : « Votre cause est celle de tous les rois. » Une escadre de douze vaisseaux, commandée par Château-Renaud, et chargée des troupes françaises, rencontra sur son passage, dans la baie de Bantry, la flotte de l'amiral anglais Herbert. Château-Renaud attaqua vivement les vaisseaux anglais, les mit en fuite, et débarqua glorieusement plus de sept mille soldats aguerris. De son côté, Guillaume d'Orange avait fait descendre en Irlande une armée de quinze mille hommes sous les ordres du duc de Schomberg, une des plus illustres victimes de la révocation de l'édit de Nantes. Mais malgré ce renfort, les Anglais essuyèrent plusieurs échecs, et Guillaume jugea nécessaire de venir combattre en personne la contre-révolution.

Le roi de France, fidèle à sa politique, envoya de nouvelles troupes au secours de la cause catholique; mais Jacques II commettait faute sur faute et décourageait à tout instant ses plus zélés partisans par son incapacité, sa lâcheté, ses boutades, ses prétentions ridicules et ses nombreuses injustices : « Votre Majesté, lui dit un officier français, « eût-elle dix royaumes au lieu de trois, elle les perdrait tous. » S'étant fait battre par Guillaume sur les rives de la Boyne, Jacques s'enfuit honteusement, saisi de terreur, abandonnant une seconde fois son trône, sans vouloir écouter les prières de ses généraux qui lui démontraient que tout espoir n'était pas perdu, qu'il pouvait aisément réparer une défaite et reprendre tous ses avantages. La veille même de la bataille de la Boyne, Tourville remportait la fameuse victoire de Beachy-Head, près de la côte de Sussex, sur les flottes réunies de l'Angleterre et des Provinces-Unies, commandées par Herbert, et fortes de quatre-vingt-dix bâtiments. Mais les talents de Tourville, l'héroïsme des Irlandais et des soldats de la France ne pouvaient sauver une cause que Jacques semblait vouloir perdre à plaisir. Se voyant abandonnés par leur roi, les Irlandais se découragèrent; leurs chefs ne surent pas s'entendre; Saint-Ruth, leur général, fut vaincu à Aughrim; la ville de Limerick, qui avait soutenu un siége si glorieux, se rendit quand elle aurait pu tenir long-temps encore, quand elle aurait pu être sauvée, grâce aux secours que la France devait envoyer et qui arrivèrent en effet presque au moment où la capitulation venait d'être signée. Par le traité de Limerick, les généraux catholiques obtinrent que tous les Irlandais qui avaient pris les armes pendant la guerre ne seraient pas inquiétés; que tous les catholiques resteraient possesseurs de leurs biens et jouiraient librement des droits qu'ils avaient recouvrés et de l'exercice de leur culte. Nous verrons bientôt comment l'Angleterre tint ses engagements.

Après la reddition de Limerick presque tous les généraux, les officiers les plus distingués de l'armée irlandaise, l'élite de la noblesse, tous les seigneurs qui avaient suivi la bannière de Jacques II, passèrent en France. Deux mille soldats seulement prirent du service sous l'étendard de Guillaume III, tandis que plus de vingt mille de leurs compatriotes se faisaient incorporer dans l'armée française.

On nous saura gré de citer ici quelques passages curieux relatifs à l'émigration irlandaise, et tirés de l'épître dédicatoire adressée par l'abbé Mac-Geoghegan, l'historien de l'Irlande, aux troupes irlandaises au service de France. L'abbé Mac-Geoghegan écrivait vers le milieu du dernier siècle; voici en quels termes il s'est exprimé sur le compte des réfugiés et au sujet des sympathies qu'ils rencontrèrent en Europe et particulièrement en France :

« La France, qui, parmi tant de vertus dont elle donne le modèle, « mit toujours au premier rang la fidélité pour ses rois, fut chargée de « voir ces étrangers lui en disputer la gloire : elle leur ouvrit avec joie « un sein généreux, persuadée que des hommes si dévoués à leur prince « ne le seroient pas moins pour leurs bienfaiteurs; elle se fit un plaisir de « les voir marcher sous ses drapeaux. Ils ne trompèrent point ses es- « pérances; Nerwinde, Marsaille, Barcelone, Crémone, Luzana, Spire, « Castiglione, Almanza, Villa-Viciosa et tant d'autres lieux, témoins de « leur valeur immortelle, consacrèrent leur dévouement pour la nouvelle « patrie qui les avoit adoptés : la France applaudit à leur zèle, et le plus « grand des monarques mit le comble à l'éloge en les honorant du titre « flatteur de ses *braves Irlandois*.

« L'exemple de leurs chefs animoit leur courage; les vicomtes de « Mount-Cashel (Mac-Carthy) et de Clare (O'Brien), le comte de Lucan « (Sarsfield), les Dillon, les Lee, les Rothe, les O'Donnell, les Fitz- « Gerald, les Nugent, les Galmoy (Butler) leur ouvrirent sur les bords

« de la Meuse, du Rhin et du Pô, la carrière de la gloire : tandis que les « O'Mahony, Mac Donnel, Lawles, Lacy, Burke, O'Carrol, Grafton, « Gardener, Comerford, O'Connor, se couronnoient de lauriers sur les « rives du Tage.

« Les puissances voisines voulurent posséder les enfants de ces grands « hommes. L'Espagne retint une partie de vous auprès de son trône. « Naples vous invita dans ses contrées fertiles. L'Allemagne vous ap- « pela à la défense de ses aigles; les Taaf, les Hamilton, les O'Dwyer, « les Brown, les Wallis, les O'Neill, soutinrent la majesté de l'Empire, « et furent les dépositaires de ses postes les plus importants. Les cen- « dres du maréchal Brown sont encore arrosées tous les jours des lar- « mes du soldat qui l'adoroit, tandis que les O'Donnel, les Maguire, les « Lacy et autres travaillent à se former sur le modèle de ce grand « homme.

« La Russie, cet empire si vaste et si puissant, cet empire passé tout- « à-coup de tant d'obscurité à tant de gloire, voulut apprendre de votre « corps la discipline militaire. Pierre-le-Grand, ce génie si perçant, ce « héros créateur d'une nation aujourd'hui triomphante, ne crut pouvoir « mieux confier cette partie si essentielle de l'art de la guerre qu'au « feld-maréchal de Lacy; et la digne fille de ce grand empereur remit « toujours à ce guerrier la principale défense du trône auguste qu'elle « remplit avec tant de gloire.

« Enfin, le vicomte de Fermoy (de la Roche), officier général au ser- « vice de la Sardaigne, mérite toute la confiance de cette couronne.

« Mais pourquoi rappeler des temps reculés? Pourquoi chercher vos « héros dans des régions éloignées? Souffrez, Messieurs, que je vous « montre ce beau jour à jamais mémorable dans les fastes de la France; « que je vous ramène dans les champs de Fontenoy si précieux à votre « gloire, ces champs, où mêlés à l'élite des Français, le vaillant comte « de Thomond à votre tête, vous chargeâtes avec tant de courage des en- « nemis redoutables; animés par les regards de l'auguste souverain qui

« vous gouverne, vous contribuâtes avec tant de succès à fixer une vic-« toire qui jusqu'alors avoit paru douteuse.

« Lawfeld vous vit, deux ans après, forcer, de concert avec un des plus « illustres corps de France (le régiment du roi), des retranchements qui « sembloient impénétrables. Menin, Ypres, Tournay, vous voyoient « sous leurs murs vous couvrir de gloire, tandis que vos compatriotes, « sous les étendards de l'Espagne, faisoient des prodiges de valeur à « Campo-Santo et à Velletri.

« Mais tandis que je parle, une partie de votre corps vole à la défense « des alliés de Louis. (Le régiment de Fitz-James, cavalerie irlandaise, « dans l'armée du prince de Soubise, s'est distingué à la bataille de « Rosback contre les Prussiens.) Une autre vogue au milieu des mers, « et va chercher, à travers les flots, dans un autre hémisphère, les éter-« nels ennemis de son empire. (Le général Lally avec son régiment, « embarqué pour Pondichéry).

« Voilà, Messieurs, ce que toute l'Europe contemple en vous. Voilà « ce qui vous donne jusqu'à l'estime de vos plus injustes adver-« saires; etc. »

D'après le témoignage irrécusable de documents officiels plus de sept cent mille Irlandais sont morts au service de France, depuis la formation de la brigade irlandaise, en 1691 (1), jusqu'à la chute de l'empereur Napoléon. La France eut jusqu'à quarante mille soldats irlandais combattant à la fois sous ses drapaux. Nous venons de voir que ces vaillants auxiliaires s'illustrèrent sous les règnes de Louis XIV et de Louis XV, aux journées de Nerwinde, de Fontenoy et de Lawfeld. Leurs fils ont contribué à la défense de la révolution menacée et aux triomphes de la France impériale. Mais Louis XVIII fut obligé de souscrire au licenciement des troupes irlandaises, qui lui fut imposé par lord Castelreagh, en 1814. Une immense portion de la population irlandaise a donc trouvé en France une seconde patrie; aux noms déjà cités par Mac Geoghegan, nous ajouterons les noms devenus français des d'Alton, des

(1) O'Sullivan. — *Notice sur Thomas Moore.*

Lauriston, des Fitz-James, des Mac Donald, des Lally Tollendal, etc. Mais revenons aux Irlandais restés en Irlande, et examinons le sort qui leur était réservé après la fuite de Jacques II.

Le dix-septième siècle a été fatal à l'Irlande. La superficie de l'île comprend environ 12,000,000 d'acres irlandais. Eh bien! on a évalué que le roi Jacques Ier s'empara à lui seul de 2,800,000 d'acres; 7,800,000 acres furent séquestrés par ordre de Cromwell, et 1,000,000 sous Guillaume III. L'Irlande fut donc confisquée tout entière pendant ce siècle, à l'exception des biens de cinq ou six grandes familles qui échappèrent miraculeusement aux proscriptions. Plusieurs parties du pays furent même confisquées deux et trois fois en moins de cent ans.

L'Angleterre méconnut indignement les promesses qu'elle avait solennellement faites à l'Irlande, et viola impudemment, à la face du monde, le traité de Limerick. La réaction protestante fut violente, basse et cruelle; les catholiques furent dépouillés et persécutés comme au temps de la puissance des puritains; mais cette fois, ce n'était pas seulement le fanatisme qui inspirait les persécuteurs, c'était plutôt l'intérêt, la cupidité qui les faisait agir; mais la cupidité prenait partout le masque du zèle religieux. Les prêtres catholiques, poursuivis partout, traqués dans les forêts comme des bêtes fauves, déployèrent une constance et une résignation vraiment admirables; ils préférèrent braver la mort et la misère et rester au milieu de leur troupeau. C'était la nuit, dans des souterrains ou dans les bois, dans les marais, dans les lieux les plus déserts, les plus abandonnés, qu'ils célébraient la messe et exhortaient le peuple à demeurer fidèle à la religion de ses ancêtres. Toutes les vexations, toutes les tyrannies, qui jusqu'alors avaient été imaginées pour torturer l'Irlande, la ruiner et lui arracher son culte, furent inscrites dans un code infernal, œuvre de l'aristocratie protestante, inspirée et dirigée par le gouvernement anglais. Pendant plusieurs règnes consécutifs on ajouta sans cesse de nouvelles dispositions, de nouveaux raffinements aux réglements barbares qui opprimaient les catholiques. Les *lois pénales* formèrent un ensemble complet et savamment combiné de mesures odieuses qui, à toute heure du jour, atteignaient les catholiques. Nous renvoyons à l'ouvrage de M. de Beaumont les lecteurs qui voudraient étudier en détail ces lois si perfides, si minutieusement cruelles. Nous n'en citerons que quelques principales dispositions qui suffiront pour faire juger ce tissu d'iniquités. Il fut défendu aux catholiques d'acquérir des terres ou d'en prendre à bail pour plus de trente-un ans. Dans les villes, tout marchand ou fabricant papiste ne put avoir plus de deux apprentis à son service. Le fils d'un catholique qui se faisait protestant devenait par le fait seul de son apostasie nu-propriétaire des biens de ses père et mère, et ceux-ci n'étaient plus qu'usufruitiers. Le catholique, au lit de mort, ne pouvait choisir, pour tuteur de ses enfants, qu'un protestant ; la mère elle-même n'avait pas le droit d'en être la tutrice. En aucun cas, le catholique ne pouvait hériter ou recevoir une donation d'un protestant. Il était interdit aux catholiques de posséder des chevaux valant plus de cinq livres sterling. « La loi (1) « autorise tout protestant à saisir sur le catholique le plus magnifique « cheval en lui donnant cinq livres sterling, de sorte que si le catholi« que riche se hasarde à se montrer en public avec un brillant équipage « traîné par les quatre plus beaux chevaux de l'Angleterre, le pre« mier protestant venu peut l'arrêter et en lui remettant dans la main « 20 livres sterling (500 fr.), prendre et confisquer à son profit les « quatre chevaux, qui en valent peut-être 1,000 (25,000 francs). »

Une récompense de cinquante livres sterling était promise à tout individu qui dénoncerait un archevêque, un évêque ou un vicaire général ; on donnait vingt livres à quiconque découvrait un curé ou un simple prêtre, et dix livres à celui qui livrait un maître d'école ou un instituteur catholique. Les mariages entre protestants et catholiques étaient sévèrement défendus et déclarés nuls. Les ministres protestants qui les eussent célébrés eussent été condamnés à mort. Mais si la loi était impitoyable pour le catholique qui restait attaché à sa religion, elle faisait toutes sortes d'avances et de promesses à celui qui voudrait

(1) De Beaumont, tome Ier, page 101.

se convertir au protestantisme. Une rente de trente livres sterling était assurée à tout prêtre qui se faisait protestant; il était sûr, en outre, d'être promptement pourvu d'un bénéfice lucratif dans l'Eglise anglicane. Les catholiques ne jouissaient d'aucun droit civil ou politique, d'aucune garantie; ils ne pouvaient être ni membres du parlement, ni jurés; la magistrature, le barreau leur étaient fermés; toutes les carrières libérales, les professions industrielles mêmes leur étaient interdites par le fait. La plupart des *lois pénales* furent exécutées à la lettre, quelquefois même elles furent dépassées dans l'application (1) : « Qui « ne verra, en y réfléchissant un peu, que le catholique d'Irlande était « trop écrasé par toutes les lois de persécution pour respirer librement « le peu d'air que ces lois voulaient lui laisser? A défaut de lois tyran- « niques, l'opinion publique l'opprimait encore.

« En 1771, le vice-roi d'Irlande était sur le point de faire grâce à un « catholique injustement condamné; mais voyant à quel point cet acte « de clémence, ou plutôt de justice, serait impopulaire : — Je vois, dit- « il, qu'on veut absolument sa mort; qu'il meure donc tout de suite, — « et l'ordre de son exécution fut expédié. »

Tant de violences, tant d'outrages lassèrent la patience des victimes. Les catholiques les plus éclairés se réunirent pour préparer la résistance : quelques patriotes jetèrent les premières bases de cette *association catholique* qui, plus tard, réorganisée et dirigée par O'Connell, devait remporter d'éclatantes victoires sur les ennemis de l'Irlande. De leur côté, les paysans qui, assurément, étaient les plus misérables, qui, à toute heure du jour, souffraient de l'organisation tyrannique du pays, se formèrent en bandes régulières et disciplinées, et sous les noms de *Whiteboys* (*enfants blancs*), d'*enfants du droit* (*Right-Boys*), *de Cœurs de chêne* (*Hearts of Oak*), *de Cœurs d'acier* (*Hearts of Steel*), tirèrent vengeance des exactions du clergé anglican et des hommes de loi, et des cruautés de leurs seigneurs. C'était la nuit que les *Whiteboys* exécu-

(1) De Beaumont, tome Ier, page 113.

taient leur justice sommaire envers leurs oppresseurs; pour se reconnaître dans l'obscurité, ils portaient par dessus leurs habits une chemise blanche : c'est de là que leur est venu leur nom d'*enfants blancs*. Pendant le jour, l'Irlande appartenait au gouvernement officiel, à l'aristocratie protestante; mais la nuit, le tribunal mystérieux des *Whiteboys* régnait dans tout le pays et faisait exécuter de terribles sentences. Ce fut au tour du protestant de trembler pour ses biens et sa vie. Le *whiteboysme* n'a jamais cessé d'exister tout-à-fait; nous le rencontrerons quand nous parcourrons les campagnes de l'Irlande : ce sera l'occasion de traiter alors, avec quelques détails, ce sujet d'un si triste mais si puissant intérêt.

La révolution d'Amérique, qui eut tant de retentissement et qui exerça une si grande influence sur les destinées de l'Europe, amena des changements immédiats dans la condition de l'Irlande. Le gouvernement anglais, qui n'aurait pu tenir tête à deux insurrections à la fois, fit des concessions aux catholiques, réforma quelques-unes des plus cruelles d'entre les lois pénales, et crut alors pouvoir retirer des troupes d'Irlande afin de concentrer toutes ses forces sur les colonies d'Amérique. Les protestants irlandais, n'étant plus contenus par l'armée anglaise, obtinrent le droit de s'organiser en *volontaires*, et demandèrent impérieusement l'indépendance de leur parlement; car dès le temps de Henri VII le parlement irlandais était resté asservi au gouvernement anglais. Mais le règne des *volontaires* fut de peu de durée; ils essayèrent vainement de se constituer en *convention nationale* : leurs projets avortèrent ; au bout de quelque temps ils furent complètement dispersés.

Après la révolution américaine étaient venus les *volontaires*, qui réclamaient seulement une réforme *whig* dans l'intérêt protestant; la révolution française suscita en Irlande un mouvement réellement national, catholique et démocratique. La société des *Irlandais-Unis* est fondée par « Wolf Tone. L'organisation *militaire des Irlandais-Unis*, dit M. de « Beaumont, se modèle entièrement sur celle des *volontaires;* mais leurs « principes ne sont plus les mêmes. Les *volontaires* s'étaient formés

« pour protéger l'Irlande contre l'invasion des ennemis de l'Angleterre. « Les *Irlandais-Unis* sont en sympathie ouverte avec la France, et con- « vient celle-ci à l'invasion de l'Irlande. »

L'Irlande a désormais les yeux constamment tournés vers la France; elle suit avec anxiété tous les mouvements de nos armées, applaudit à nos victoires, et compatit à nos revers; elle adopte notre costume et notre drapeau, elle sait par cœur nos hymnes patriotiques, et célèbre toutes nos fêtes civiques comme des solennités nationales. Wolf Tone, le chef de la société des *Irlandais-Unis*, se rend à Paris, et réussit à décider le Directoire à envoyer des troupes françaises pour faire insurger l'Irlande; Hoche est chargé de les commander, mais une tempête disperse ses vaisseaux, et l'expédition échoue. Deux autres tentatives dirigées, l'une par Hombert, l'autre par le général Hardy, n'ont guère plus de succès; les Irlandais sont défaits en plusieurs rencontres, et Wolf Tone, lord Edouard Fitz-Gerald, Emmett, les deux frères Sheares et une foule de jeunes patriotes, meurent victimes de leur dévoûment. Le gouvernement et l'armée anglaise se montrèrent aussi féroces dans la répression des insurgés de 1798, que les agents et les soldats d'Elisabeth et de Cromwell au temps des guerres religieuses. Invoquons encore une fois le témoignage de M. de Beaumont. « Au milieu de l'insurrection la « loi martiale avait été proclamée; la rébellion étant vaincue, la justice « militaire ne se retira point, et l'armée anglaise, après avoir frappé ses « ennemis sur le champ de bataille, les poursuivit d'arrêts de mort « prononcés dans les conseils de guerre.

. . . .

. . . .

« Tout dans ces cours de sauvage justice était mis en usage pour « trouver des coupables; tout, jusqu'aux preuves mêmes de l'innocen- « ce! qui le croirait? C'était aux yeux du tribunal un grave sujet de sus- « picion que d'avoir, au milieu même de la guerre civile, arraché des « protestants à la fureur des rebelles; car ce crédit sur les catholiques « indiquait qu'on tenait à leur parti et appelait la rigueur du juge. Je

« défie de prouver que j'aie sauvé la vie de personne! s'écrie un catho-
« lique, qui a compris les périls de la compassion et de la générosité.
« L'historien qui raconte ces faits est un protestant anglais dont toutes
« les sympathies sont pour les hommes que son impartialité l'oblige
« pourtant de flétrir.

« En peu de temps, deux cents victimes tombent ainsi sous la main
« du bourreau.

« Souvent le supplice légal des condamnés ne suffisait pas aux pas-
« sions qui l'avaient obtenu. Lorsqu'à Wexford les sentences pronon-
« cées par la cour martiale furent mises à exécution, on mutila les
« cadavres des victimes, on les souilla de mille traitements indignes et
« on les jeta à la rivière après en avoir séparé leurs têtes, que l'on cloua
« sur les murs extérieurs du tribunal. Quelquefois, après avoir pendu le
« condamné, on le remettait sur ses pieds, de façon à ce qu'il reprît ses
« sens, puis on le pendait de nouveau, et on multipliait ainsi à plaisir
« les tortures de la strangulation. »

Comme dernier châtiment, l'Angleterre enleva à l'Irlande son simulacre de parlement ; *l'Union* fut prononcée le 26 mai 1800. L'Irlande resta pendant quelques années accablée sous le poids de ses revers, mais à la voix de John Keogh et du grand agitateur Daniel O'Connell, elle reprit courage et bientôt son attitude redevint menaçante. O'Connell réunit toute la population catholique en une immense association, qu'il forma, disciplina, prépara pour la guerre à outrance qu'il devait soutenir contre la tyrannie de l'Angleterre, guerre pure de tout excès et infiniment plus heureuse, plus féconde en résultats que ne l'avaient été toutes les insurrections armées, toutes les révoltes sanglantes. L'*association*, c'est-à-dire *toute l'Irlande catholique* eut ses représentants, son comité directeur, ses finances, son trésor provenant d'une contribution volontaire d'un penny, exactement payée par le plus pauvre de ses membres, sa presse, sa tribune, son gouvernement et son *roi*, comme les tories appellent O'Connell par dérision. Mais O'Connell est assurément le roi le mieux obéi de l'univers : il est littéralement le maître absolu de l'Irlande. Aussi jamais autorité légitime, jamais monarque couronné n'a été si fidèle, si dévoué à protéger un peuple; le plus pauvre, le plus faible des paysans catholiques, a-t-il été opprimé, insulté par son maître protestant, il n'a qu'à faire connaître ses griefs, et le comité de l'association, dont O'Connell est l'âme, saura bien lui faire obtenir prompte justice. O'Connell est donc l'avocat, le tribun, le général, en un mot, le sauveur de l'Irlande.

Par son habile stratégie, par ses manœuvres ingénieuses, mais surtout parce que ses réclamations étaient justes, parce que sa cause était sacrée, O'Connell obtint d'importantes réformes; il enleva concession sur concession, et enfin, malgré les efforts des tories qui s'étaient ligués en *contre-association*, malgré des préjugés vieux de plusieurs siècles, il eut la gloire d'arracher à l'Angleterre l'émancipation des catholiques.

L'Irlande est toujours unie à l'Angleterre, mais elle n'est plus esclave, elle est libre; politiquement, elle est l'égale de l'Angleterre; mais l'Irlande est toujours dévorée par un mal terrible, le paupérisme, contre lequel ont échoué jusqu'à ce jour tous les palliatifs, tous les efforts de la charité publique et privée. Cependant nous ne cessons pas d'avoir foi dans l'avenir de ce beau pays. Qu'on se rappelle qu'en moins de trente années l'Irlande a vu tomber ses fers, qu'elle a obtenu la réforme des abus les plus invétérés, qu'une révolution tout entière s'est opérée dans sa constitution par des voies pacifiques, et alors on se prendra à espérer comme nous qu'à l'aide des libertés politiques dont elle jouit elle saura triompher un jour du mal social qui la ronge comme une lèpre. Déjà les classes moyennes commencent à prospérer, les cultivateurs sont mieux vêtus et mieux nourris; le bien-être, il est vrai, n'a pas encore pénétré jusqu'aux dernières classes du peuple, mais ce n'est pas en quelques années que l'on peut guérir des blessures aussi vieilles et aussi profondes, que l'on peut réparer des désastres accumulés pendant six siècles. Nous le répétons, nous formons les vœux les plus ardents pour l'amélioration du sort de la nation irlandaise, et nous croyons fermement que ce peuple secouera sa misère et ne tardera pas à se régénérer, car il a reçu du ciel les plus belles qualités, il est éminemment perfectible, et son chef, l'intrépide O'Connell, ne se repose jamais; car la cause de l'Irlande souffrante gagne tous les jours des adhérents, l'opinion libérale en Angleterre lui devient de plus en plus favorable, et les tories eux-mêmes n'oseraient pas entraver ses progrès; car enfin l'Irlande a les plus vives sympathies de la France et de tout ce qu'il y a en Europe d'hommes honnêtes et éclairés.

Mais nous interromprons ici nos réflexions et nous fermerons l'histoire. Les loisirs de notre traversée touchent à leur fin; nous allons mener la vie active et aventureuse des touristes. Nous apercevons déjà les côtes du Munster, qui semblent sortir de l'Océan; dans peu d'heures nous entrerons dans la rade de Cork.

CHAPITRE II.

LA RADE DE CORK. — CORK. — LA SOCIÉTÉ AUSTRALIENNE. — LA SOCIÉTÉ D'ABSTINENCE. — M. THEOBALD MATHOW. — MOEURS POPULAIRES. — THOMAS MOORE. — BLACK ROCK. — LE PASSAGE. — L'ESCALIER DU GÉANT. — MONKSTOWN. — COVE. — CLOYNE. — LES TOURS RONDES. — L'ÉGLISE CATHOLIQUE ET L'ÉGLISE ANGLICANE.

De hautes collines, hérissées de roches pointues, gardent l'entrée de la rade de Cork, et s'aperçoivent en mer à une grande distance. Mais cette sombre apparence ne sert qu'à préparer un véritable coup de théâtre d'un effet saisissant et prodigieux. En effet, à peine a-t-on dépassé la ceinture de montagnes grisâtres qui défendent la partie sud-ouest du

Munster, qu'une perspective magnifique, inattendue, s'ouvre tout-à-coup comme par enchantement. Qu'on se figure un lac majestueux, si vaste que toute la marine des trois royaumes y tiendrait à l'aise, et si beau, si heureusement encadré de vastes forêts, de jardins odorants, de riantes et fraîches villas, que les poëtes ont pu, non sans raison, le comparer au Bosphore. Les deux rives sont couvertes de villages florissants ; plusieurs îles importantes s'élèvent au milieu des eaux ; nous citerons, en passant, la ville de Cove, les bourgs de Monkstown et du Passage situés sur la rade, comme devant attirer principalement l'attention du voyageur. Mais nous ne voulons pas les décrire en ce moment : nous avons hâte d'arriver à Cork. Quand nous aurons séjourné dans la capitale de l'Irlande méridionale, observé le caractère et les mœurs de ses habitants, alors nous explorerons à loisir toutes les curiosités de la *mer de Cork* : c'est le nom donné à la rade par le poëte Thomas Moore.

Cork est la seconde cité du royaume d'Irlande; après Dublin, c'est assurément la ville la plus riche, la plus populeuse, la plus étendue. Cork a été bâtie sur une île marécageuse ; c'est ce que confirme son vieux nom irlandais *Corcagh*, qui signifie marais ou terre humide. La rivière Lee enveloppe le cœur de la ville comme la Seine, à Paris, embrasse l'île de la Cité. Au-delà des rives de la Lee s'élèvent de vastes quartiers beaucoup plus neufs et mieux bâtis que la partie centrale. De beaux quais en granit défendent les rues contre les empiétements de la rivière, qui est souvent gonflée par des pluies abondantes et périodiques. Les bateaux à vapeur arrivent jusqu'aux quais de Cork ; ils s'arrêtent au pied d'un vaste monument, orné d'un fronton et d'un élégant péristyle, et couronné par un beau groupe en marbre représentant saint Georges terrassant le dragon. Cet édifice, qui ressemble à un palais, n'est pourtant que le bureau d'administration de la compagnie des paquebots de Saint-Georges. En face, sur le quai opposé, s'élèvent les bâtiments de la douane, dont les mesquines proportions contrastent péniblement avec la colonnade grandiose de *Saint-George Office*. La vieille ville, comprise tout entière dans l'île, communique avec les nouveaux quartiers au moyen de six ponts bien construits, dont deux principalement, *Parliament-Bridge* et *Saint-Patrick's-Bridge*, font honneur à l'habileté et au goût des ingénieurs de la cité. Les plus belles rues sont la *Grande Parade*, dont les maisons sont toutefois assez irrégulièrement disposées; *South Mall*, qui aboutit à la douane, et qui est perpétuellement encombrée de ballots de marchandises et de voyageurs; *Saint-Patrick's street*, long et riche bazar aux boutiques étincelantes; enfin, *Great-George street*, qui, lorsqu'elle sera achevée, sera la plus large, la plus droite, la mieux bâtie de toutes les rues de Cork. La population est entièrement vouée au négoce : les quais, les carrefours sont continuellement couverts d'une foule affairée. Il n'y a à Cork que des marchands; en général, les plus riches n'ont, dans l'intérieur de la ville, que leurs magasins; ils habitent des maisons de plaisance, situées aux environs, sur les bords de la Lee; ils viennent chaque jour à la Bourse, font leurs affaires, et repartent immédiatement. Le commerce de Cork est très considérable; les exportations consistent en bétail, blé, wisky, beurre, viandes salées, cuir tanné, etc.; le beurre surtout est très renommé.

Les habitants de Cork sont aussi actifs que ceux de Bristol ou de Liverpool, mais c'est là leur unique point de ressemblance. Dans les villes commerçantes ou manufacturières de l'Angleterre, le peuple se remue, s'agite et travaille sérieusement, silencieusement; à Cork, le peuple, au contraire, travaille en riant et en chantant. L'étranger qui se promène par la ville est assailli par mille cris qu'il lui serait bien difficile de comprendre, car la langue du bas peuple est une espèce de patois composé d'une foule d'éléments hétérogènes, tout bardé de mots d'origine danoise, anglaise ou irlandaise, bizarrement mêlés ensemble. Éminemment serviable, le peuple de Cork vole au-devant des désirs de l'étranger. Dans les promenades, sur les places, dans les hôtels, dans les cafés, dans tous les lieux publics, on peut se lier très facilement avec les premiers venus; au bout de quelques minutes, on est amis intimes, et le citoyen de Cork, dans un langage semé de métaphores, tout plein de protestations chaleureuses, vous offre ses services à l'instant même, et met à votre disposition sa maison, les siens, et tout ce qu'il possède. Ces politesses un peu outrées ne ressemblent-elles pas évidemment aux vieilles formules de la courtoisie espagnole? Les habitants de Cork sont aussi glorieux de leur ville que les Romains pouvaient être fiers de Rome, aux jours de sa splendeur; en parlant de Cork, ils disent *la cité* comme les Romains disaient *urbs*. « *Welcome to the city,* » vous êtes le bien-venu dans la cité, telle est invariablement la première phrase qu'ils adressent à tout étranger qui leur est présenté; c'est à la fois un accueil dicté par leur bienveillance naturelle et un avertissement, dont on doit profiter, que Cork est une cité et non pas une simple ville. Pour leur plaire, il faut donc toujours dire la cité, et même on ne fera pas mal de les imiter tout-à-fait, et d'ajouter, comme eux, la *jolie cité;* l'épithète est consacrée.

Quelques historiens prétendent que Cork a été bâtie par les Danois; mais selon l'opinion la plus générale, c'est à *Saint-Finn Bar, le saint à la blanche chevelure,* que la fondation de la ville doit être attribuée. Au commencement du septième siècle, ce saint apôtre ayant quitté la solitude, où il passait ses jours dans la méditation et dans la prière, érigea, sur l'emplacement d'un temple païen, une église chrétienne, à laquelle il ajouta successivement un monastère et une école publique. La réputation du saint et de sa colonie se répandit si rapidement qu'au bout de quelques années plus de sept cents disciples se pressaient aux leçons du vieillard, et que l'île déserte de *Corcagh* ou *Corrock* était déjà devenue une cité populeuse. Mais bientôt Cork, ainsi que toutes les petites bourgades de l'est et du sud, fut attaquée sans relâche par les Danois. La ville de Saint-Finn Bar fut plusieurs fois prise, saccagée et brûlée en partie par les pirates; elle commençait à réparer ses désastres et à jouir d'un peu de sécurité, lorsqu'elle dut songer à se défendre contre les chevaliers anglo-normands.

Toute la province de Munster obéissait, à cette époque, aux Mac-Carthy, dont la place d'armes était le célèbre château de Blarney, situé aux environs de Cork, et dont les ruines sont encore si imposantes. La puissante famille des Mac-Carthy avait reçu son nom de *Carthach*, fils de Justin, l'un des plus illustres chefs de clans du onzième siècle. *Dairmid More*, arrière-petit-fils de Carthach, avait le titre de roi de Cork, en 1172, lorsque les Anglais envahirent le Munster. Dairmid More fut obligé de livrer sa ville aux étrangers; le roi d'Angleterre, Henri II, la prit pour lui, mais concéda le territoire environnant à Robert Fitz-Stephen et à Milo de Cogan. Fitz-Stephen fut habile à se concilier les indigènes par la persuasion et par des moyens pacifiques : plût à Dieu que son exemple eût été fidèlement suivi par ses compagnons d'armes et ses successeurs ! Il mourut à Cork, après avoir fait accepter son autorité par les chefs de clans ses voisins. En 1210, le roi Jean annexa à la couronne le territoire de Cork, et l'érigea en comté. Toutefois, la domination anglaise ne s'étendait guère au-delà de l'enceinte de la ville. Même, vers la fin du seizième siècle, époque à laquelle écrivait Hollinshed, les Anglais étaient pour ainsi dire prisonniers dans l'intérieur de la ville; ils n'osaient sortir qu'en troupe et armés jusqu'aux dents. Ils n'entretenaient aucune relation avec les Irlandais, qu'ils regardaient toujours comme des ennemis ; ceux-ci ne pouvaient entrer dans la ville qu'individuellement et après avoir déposé leurs armes. Pendant les heures des offices, les portes demeuraient fermées pour tout le monde. Les Mac-Carthy, divisés en trois branches principales, avaient toujours conservé une puissante influence sur la plus grande partie du Munster; ils auraient pu écraser plus d'une fois la colonie anglaise s'ils avaient su se concerter, et réunir toute la population indigène contre l'ennemi commun; mais ils étaient souvent en désaccord, et livraient des combats sans fin aux familles rivales, aux Fitz-Gerald, aux Barrett, aux O'Mahony. La politique nglaise savait profiter de ces dissensions ; elle employait tous les moyens pour les fomenter et les empêcher de s'éteindre. Sir George Carew, lord président du Munster, écrivait, en 1600, à la reine Élisabeth que la meilleure arme contre l'Irlande était la discorde, qu'il suffisait d'exciter les chefs les uns contre les autres, et qu'ils s'entre-dévoreraient.

Nous avons vu précédemment que l'Irlande catholique soutint la cause du roi Charles Ier contre le parlement : la ville anglaise de Cork demeura également fidèle à la royauté jusqu'au dernier moment. Mais Cromwell survint, y fit une entrée triomphale, déposséda les plus riches propriétaires et donna leurs biens à ses officiers ; il fit enlever les cloches des églises, et répondit aux plaintes du clergé que, puisqu'un prêtre avait inventé la poudre, le meilleur usage qu'on pût faire des cloches était de les fondre et de les convertir en canons. On cite aujourd'hui plusieurs notables citoyens de Cork qui sont les descendants des soldats de Cromwell, et qui sont encore paisibles possesseurs des propriétés échues à leurs ancêtres, il y a deux siècles. A l'arrivée de Jacques II, la ville se souleva de nouveau et accueillit avec d'éclatantes démonstrations le monarque catholique. Après la défaite de la Boyne, Cork résista encore aux armes de Guillaume ; il fallut pour la réduire les efforts de Marlborough. Au commencement de ce dernier siége, un officier avait particulièrement contribué à soutenir l'énergie de la garnison ; cet officier était un fils naturel de Charles II, le duc de Grafton ; il fut tué sur un rempart qui depuis a été converti en un passage public et qui a reçu le nom de *Grafton's-alley*, l'allée de Grafton. Le chef de la maison princière des Mac-Carthy, Donogh, comte de Clancarty, l'un des plus ardents auxiliaires de Jacques II dans le Munster, avait été fait prisonnier à la bataille de la Boyne ; ses biens furent confisqués, et il mourut dans l'exil ainsi que son fils Robert, qui fut le dernier des comtes de Clancarty.

De nouveaux propriétaires protestants s'établirent encore une fois à Cork ; les catholiques et les jacobites furent dépouillés et chassés, et cependant aujourd'hui il se trouve que la population catholique est dans cette ville, comme dans presque tout le reste de l'Irlande, huit fois plus nombreuse que la population protestante.

Le clergé anglican a pu s'emparer de l'antique cathédrale et des vieilles églises consacrées depuis des siècles au culte catholique, mais il n'a pu faire violence aux âmes ; l'immense majorité du peuple est demeurée fidèle à sa foi. Leur génie industrieux, leur aptitude au commerce ont aidé les habitants de Cork à se relever des désastres causés par les guerres civiles et religieuses; la cité est devenue riche et prospère, mais, il faut bien le dire, la plus grande partie de la classe aisée est composée de protestants. L'administration est entre les mains du maire, de deux shérifs et d'un nombre illimité d'aldermen. Les armes de la ville représentent un navire à l'ancre dans un port fermé par deux tours crénelées, avec cette légende « *Statio bene fida carinis.* » La devise n'est pas trompeuse, car le port de Cork est assurément l'un des plus sûrs qui soient au monde. La ville renferme peu de monuments remarquables, mais elle possède de précieux établissements, tels que l'Institution royale (*the royal Cork institution*), collége public, fondé et subventionné par le parlement; la Société des arts, la Société d'horticulture, la Bibliothèque publique, l'Institut des ouvriers, etc. Cork se glorifie également d'avoir été le berceau de plusieurs contemporains célèbres; nous citerons entre autres le général O'Leary, le peintre James Barry, M. Hastie, le mentor du roi Radamah et le bienfaiteur de Madagascar; enfin la belle miss Thomson, l'épouse favorite de feu Muley Mohammed, le dernier sultan de Maroc.

Un jour du mois de juin, en nous promenant le long des vastes quais de Cork qui, en quelques endroits rappellent nos quais parisiens, notre attention fut attirée par un immense concours de peuple qui s'agitait et poussait des cris semblables tantôt à des hourras enthousiastes, tantôt à des lugubres lamentations. Nous approchâmes du parapet et nous fumes alors frappés d'un saisissant et douloureux spectacle, qui nous fit une impression profonde et que nous n'oublierons jamais. Sur le pont d'un bateau à vapeur prêt à partir, se pressaient deux ou trois cents paysans en habits de fête; chacun tenait à la main ou portait sur ses épaules son paquet de voyage. Ils étaient tous rangés en bon ordre, et tous ils avaient les yeux fixés sur le rivage et paraissaient plongés dans un morne abattement. Sur le bord de l'eau, plus de trois mille personnes parlaient, gesticulaient, pleuraient, se désespéraient, envoyaient vers le bateau des adieux, des prières et des bénédictions. Nous ne tardâmes pas à apprendre que ceux qui venaient de s'embarquer étaient de pauvres cultivateurs qui, ne pouvant gagner assez dans leur pays pour nourrir leurs familles, étaient réduits à passer les mers et à aller chercher du travail jusqu'en Australie. Ces émigrations ont lieu régulièrement à différentes époques de l'année, par les soins de la Société Australienne (*the Australian emigration Society*), qui a établi à Cork des agents chargés de recruter, dans le midi de l'Irlande, des hommes valides et de bonne volonté, et des femmes de quinze à trente ans. N'est-il pas triste de voir ainsi arracher à l'Irlande ses vigoureux enfants, quand on pense que la moitié du pays reste sans culture, que de vastes domaines, possédés par des lords insouciants qui n'ont jamais daigné y mettre le pied, pourraient, s'ils étaient bien administrés, faire vivre dans l'abondance des milliers de paysans! Un patriote irlandais a caractérisé laconiquement ce déplorable état des choses en disant : « Les terres manquent de bras et les bras manquent de terres. » Rien n'est plus vrai, et l'Irlande ne sera définitivement tranquille et heureuse que lorsque les maîtres, comprenant enfin leurs véritables intérêts et toute la responsalité qui pèse sur eux, penseront qu'ils n'ont pas le droit d'affamer un peuple en laissant leurs terres dans l'abandon. L'extension du travail agricole sauvera, nous l'espérons, les habitants des campagnes, comme l'industrie et le commerce ont sauvé la population des grandes villes. Nous devons ajouter toutefois qu'en ce moment plusieurs propriétaires de la classe moyenne donnent un salutaire exemple et s'occupent par eux-mêmes du soin de faire valoir leurs terres ; dans quelques comtés la culture s'étend chaque jour sur des landes et des marais demeurés incultes depuis des siècles ; mais ces efforts ne sont que partiels, et les grands propriétaires n'ont pas jusqu'ici cédé à l'impulsion.

Les paysans irlandais adorent leur pays ; la plupart d'entre eux aiment mieux souffrir, être à jamais pauvres et nus, et même périr de faim, plutôt que d'abandonner le sol qui les a vus naître, la terre sacrée où reposent leurs aïeux. Cet attachement religieux pour la patrie chez les plus misérables des prolétaires n'a-t-il pas quelque chose de sublime! Ceux qui se décident à émigrer ont toujours longtemps combattu avant de prendre cette résolution désespérée, et souvent, au moment de l'exécuter, ils sentent faiblir leur courage, et renonceraient de grand cœur à leurs espérances de bien-être et d'aisance s'ils n'étaient liés d'une manière irrévocable par des traités avec la compagnie australienne. Il faut renoncer à rendre l'émotion douloureuse, le désespoir, les plaintes déchirantes, et tous les sentiments qui agitaient ces pauvres exilés ainsi que le cortége nombreux de leurs parents et de leurs amis. Un grand nombre des futurs colons n'étaient pas encore descendus sur le bateau; ils n'avaient pas eu la force de franchir la planche fatale, et de se détacher des embrassements de ceux qu'ils devaient quitter pour toujours. On voyait des hommes dans toute la vigueur de l'âge, aux bras robustes, à la physionomie énergique, mais les yeux voilés de larmes, presser sur leur cœur leur vieille mère défaillante; des jeunes filles, des sœurs pâles, échevelées, essayant vainement de se séparer. Une petite orpheline, âgée de quinze ans à peine, vêtue de deuil, tenant à la main un rameau de buis bénit, jetait alternativement un regard au ciel de sa patrie et un regard du côté du cimetière. Deux ou trois enfants, plus jeunes et moins malheureux, accompagnaient leurs parents : l'une, petite blonde de cinq ans, semblait n'avoir de souci que pour un chardonneret au plumage bariolé, qu'elle avait renfermé dans une cage; sa sœur tenait en laisse un magnifique chat angora de la grosseur d'un mouton. Une femme, qui émigrait avec son mari, lui criait d'une voix entrecoupée, et en prenant à témoin ses parents et ses voisins : Jure-moi, Pat (c'est l'abréviation de Patrick), jure-moi par ton saint patron de ne pas me laisser, si je meurs, ensevelir dans une terre étrangère, et de renvoyer mes os près des restes de ma mère, dans le cimetière de Kilcrea : c'est la seule consolation qui me reste. Un jeune prêtre, d'une haute stature, aux yeux noirs et mélancoliques, aux traits nobles et accentués, exhortait, soutenait ces braves gens. Il était vêtu d'une longue soutanelle, et portait son bréviaire sous son bras; il partait aussi; il devait être, pendant la traversée, le chapelain, l'ange gardien de tout l'équipage, et devenir ensuite le pasteur, l'apôtre de la nouvelle colonie. Il tenait à la main son chapeau de feutre à larges bords, et causait de temps en temps avec un autre ecclésiastique âgé d'environ soixante ans, au visage auguste et bienveillant, aux longs cheveux blancs, dont il semblait prendre les dernières instructions. Tout-à-coup l'horloge la plus voisine sonna deux heures : à ce signal, les constables entraînèrent brusquement les retardataires; mille voix confuses s'écrièrent en chœur Adieu! adieu! — Dennis, Dennis, n'oubliez pas votre vieille mère! — Adieu, Kitty, Dieu vous bénisse, *God bless you!* — Soignez bien ma pauvre mère, Peggy; si je réussis, l'année prochaine je vous ferai venir toutes deux, et nous nous marierons. — L'officier qui présidait au départ, voulant étouffer cette clameur, fit exécuter un roulement de tambours, puis la musique militaire joua l'air national de Saint-Patrick. Après la première strophe, tout le monde s'agenouilla ; le vieil ecclésiastique, qui était resté debout sur la rive, découvrit alors son front vénérable, prononça une courte prière, recommanda le navire et tous les passagers à la miséricordieuse protection de la sainte Vierge, la patronne des mers, et donna aux exilés sa dernière bénédiction. Alors le bateau s'ébranla et partit; les hourras et les cris d'adieu recommencèrent; les hommes agitèrent leurs chapeaux, les femmes firent flotter leurs mouchoirs, puis au bout d'une demi-heure à peine tout avait disparu; la foule s'était dispersée, le calme était rétabli, les quais avaient repris leur aspect accoutumé.

Le soir, au moment où le soleil se couchait derrière les hautes montagnes qui semblent fermer complètement le port de Cork, et en faire un lac isolé, nous retournâmes sur la rive, au lieu même où s'était passée la scène que nous venons de décrire. Nous prolongeâmes notre promenade en suivant le cours de la Lee jusqu'à un petit hameau situé en avant de Douglas. Tout était désert, les cabanes des paysans étaient fermées, rien ne bougeait, nul être ne donnait signe de vie; c'est que les habitants de ce hameau étaient précisément au nombre des paysans qui, le matin même, s'étaient embarqués pour l'Australie. Sur le bord de la rivière, nous aperçûmes enfin une jeune femme qui se tenait immobile, les mains jointes, les yeux fixés du côté de la mer. Un châle rouge, posé sur sa tête, encadrait son visage espagnol et ses longs cheveux bruns, se drapait majestueusement sur ses épaules et retombait en longs plis sur sa jupe de laine rayée. La marée qui montait envoyait jusque sur ses pieds blancs et polis des flocons d'écume, mais la jeune fille ne remuait même pas; ses traits, ses yeux restaient immobiles; on eût dit que la pauvre paysanne avait pris racine sur la grève; on eût dit qu'elle était pétrifiée. Malgré l'intérêt qu'elle nous inspirait, nous ne voulûmes pas la questionner, nous respectâmes sa douleur; mais quelques pas plus loin, un gros garçon réjoui, d'une dixaine d'années environ, nous apprit que la pauvre Nell, sa sœur aînée, avait vu partir le matin son fiancé, qu'elle avait dû rester seule au village pour soigner sa vieille grand'mère idiote, que les instances et les prières les plus pressantes n'avaient pu décider à abandonner sa chaumière. De tout le hameau il ne restait donc que ces trois personnes, une vieille femme chargée d'ans et privée de raison, une jeune fille, la malheureuse Nell, dont le cœur était brisé, et un enfant insouciant, le petit Dick notre interlocuteur.

Nous venons de voir un jeune prêtre, dont les manières distinguées annonçaient une éducation soignée, s'embarquer avec de pauvres paysans, renoncer à sa famille, à ses relations, à son pays, pour accompagner ses ouailles à travers les mers, et s'établir avec eux sur une terre sauvage. Le prêtre irlandais est habitué à se dévouer sans cesse pour ses frères; il leur consacre ses veilles, son repos, sa vie entière. Partout où il y a une douleur à soulager, des malheureux à consoler, il accourt aussitôt, et par ses paroles encourageantes, son zèle, ses soins délicats, il calme souvent bien des cœurs gonflés d'amertume, et apaise bien des esprits violents et irrités. Il partage son pain avec le pauvre, s'assied au chevet des malades, bénit l'enfant qui vient de naître et reçoit le dernier soupir des mourants. Aussi les paysans comme les ouvriers et les prolétaires des grandes villes révèrent tous le prêtre comme leur sauvegarde, leur providence, comme l'image de Dieu sur la terre ; c'est à lui qu'ils vont demander conseil dans toutes les occasions sérieuses ; ils ne concluraient pas une affaire de quelque importance sans implorer sa bénédiction et le secours de ses lumières. Cette toute-puissante influence du clergé catholique s'est manifestée récemment à Cork d'une manière éclatante : un saint prêtre, le révérend père Théobald Mathieu, a, par le seul ascendant de son beau caractère et de sa vertu, réussi à fonder une société de tempérance, qui a produit, en peu d'années, d'excellents et de merveilleux résultats.

Comme tous les autres peuples du Nord, les Anglais aiment les liqueurs fortes, mais plus que tous les autres ils ont pu satisfaire ce penchant, grâce à leur supériorité pour la fabrication des spiritueux et à leurs nombreuses relations avec tous les pays qui en produisent. Dans le bon vieux temps, toutes les classes de la nation anglaise n'avaient pas de plus grand bonheur que l'ivresse ; les grands seigneurs roulaient sous la table après le dîner, et les rues, chaque nuit, restaient jonchées d'hommes, de femmes et même d'enfants ivres-morts. Tous les peuples qui ont été rangés sous le sceptre britannique ont partagé plus ou moins ce goût funeste ; l'Irlande n'y a pas échappé. Les Anglais ont même toujours prétendu être beaucoup plus sobres que les Irlandais ; autrefois ils accusaient ce peuple d'être en état d'ivresse permanente ; les hommes d'État, en parlant des malheureux qui se révoltaient poussés par la famine, ne craignaient pas de soutenir en plein parlement que c'était à l'ivresse qu'il fallait attribuer tous les désordres de l'Irlande. Quand un romancier ou un auteur dramatique mettait en scène un Irlandais, il ne manquait jamais de le représenter buvant, jurant et se grisant. Au théâtre, le public n'aurait pas reconnu le prétendu type de l'Irlandais si l'acteur chargé du rôle de Pat n'eût fait son entrée en trébuchant et le verre à la main. John Bull ressemblait en cela à certain personnage d'une parabole bien connue, qui distinguait parfaitement une paille dans l'œil de son voisin et n'était nullement incommodé par la poutre qui était dans le sien. Toute la différence que nous ayons remarquée dans les deux pays, c'est que les Anglais ont le vin triste, tandis que les Irlandais ont le vin gai. A Londres, vous voyez souvent l'artisan au visage noirci, l'ouvrière coiffée de son mauvais chapeau défoncé, le corps à peine caché par de misérables haillons, entrer furtivement dans un *gin palace*, puis en sortir au bout d'un espace de temps plus ou moins long et tomber lourdement sur un trottoir dans le plus parfait abrutissement. L'ivresse en Irlande a un tout autre caractère. D'abord l'Irlandais ne boit pas seul; quand il s'enivre, c'est toujours en nombreuse et surtout en très joyeuse compagnie; il rit, crie, saute, gambade et chante à tue-tête de gais refrains qui ont souvent beaucoup d'analogie avec nos vieilles chansons à boire. Les habitants de Cork étaient renommés autrefois comme de bons vivants et surtout de fortes têtes. Le lecteur n'ignore pas sans doute que, dans tous les pays soumis à l'empire de la mode anglaise, il est d'usage qu'après le dîner, au moment où les dames se retirent, les hommes se rasseyent et se rapprochent; formant alors un cercle plus serré, ils font circuler le porto, le sherry (xérès), le claret (bordeaux), et autres vins de France, d'Espagne ou de Portugal. Les *francs buveurs* de Cork avaient imaginé très ingénieusement de faire couler des bouteilles dont le fond était arrondi en forme d'hémisphère, et qui par conséquent ne pouvaient reposer solidement sur la table quand la main les abandonnait; la circulation des bouteilles devenait ainsi forcée et continuelle; les verres, qui étaient d'une forme analogue et d'une dimension démesurée, se vidaient au milieu d'un joyeux cliquetis de saillies et de bons mots, et au bruit de mille refrains de circonstance, de toutes sortes de ballades nationales et de pétillants couplets en l'honneur de Bacchus, de Noé, du saint père le Pape et du concile de Trente, qui en prescrivant le jeûne n'ont entendu que l'abstinence de la chair et non l'abstinence du vin et du wisky : « Laid fast upon mate, and not upon drink. »

Quand la raison des convives commençait à chanceler, l'hôte ne manquait jamais de faire remplir la théière de wisky, et quand les buveurs voulaient adoucir leur punch en y versant du thé, ils le *coupaient* sans s'en douter avec du wisky pur. Si quelque convive, après avoir subi bien des épreuves du même genre, était encore assez solide pour gagner la porte du logis sans encombre et pour se tenir en selle sur son poney, sans être obligé de s'y faire attacher, alors l'hôte lui versait lui-même le *coup de l'étrier* (en irlandais, *droch am durrass*, littéralement, coup bu à la porte) dans un verre réservé exprès pour la circonstance et qui mérite bien une description. Ce verre, taillé comme nos verres à vin de Champagne, mais d'une proportion colossale, se terminait par une boule creuse, grosse comme le poing, et contenait environ *deux pintes*. Le coup de l'étrier était réellement le coup de grâce, et nul ne pouvait le parer sans manquer gravement à la politesse, sans faire injure à la libérale hospitalité de l'amphitryon. Il ne faut pas croire que nous exagérions les doses; nous tenons ces détails précieux d'un respectable gentleman qui, selon le témoignage de toute la ville, but chaque jour, pendant trente années, vingt-cinq grands verres (*tumblers*) de *toddy* (punch fait avec du wisky), et qui, dans son amour scrupuleux pour la vérité, démontrait, aux moyens de calculs mathématiques de la plus rigoureuse exactitude, qu'il avait avalé dans sa vie assez de punch pour mettre à flot un vaisseau de ligne de soixante-quatorze canons.

Si les maîtres, malgré l'éducation qu'ils avaient reçue, se livraient ainsi journellement à la débauche, on peut juger si leur exemple était fidèlement suivi par les domestiques, dans un pays où le wisky est à si bon marché que pour quatre *pence* la plus forte tête peut se donner le plaisir de se griser complètement. Les maîtres avaient recours à mille moyens pour empêcher leurs gens de boire. Les paysans en Irlande gardent religieusement leurs serments quands ils les ont prononcés sur le crucifix, sur l'image vénérée de quelque saint du pays, ou sur une de ces reliques héréditaires que la plupart des vieilles familles ont conservées soigneusement depuis les siècles de saint Patrick et de saint Columban. Ce sont les seuls serments qui soient considérés comme valables et obligatoires par la basse classe. Ainsi, un honorable alderman de la cité de Cork nous racontait que, chaque mois, il faisait jurer sur l'image de saint Patrick à ses domestiques de s'abstenir de toute boisson fermentée pendant quatre semaines. Quand ce terme était expiré, il leur faisait servir lui-même plusieurs rasades de wisky, et à peine étaient-elles avalées que tous devaient, sous peine de recevoir leur congé, renouveler le serment pour quatre autres semaines; la même cérémonie se répétait douze fois par an. Mais tous les maîtres n'étaient pas aussi ingénieux que notre digne alderman, et d'ailleurs les domestiques irlandais, les plus malins, les plus rusés qui soient au monde, savaient éluder de mille manières les promesses qu'on leur arrachait. L'un d'eux, par exemple, avait juré solennellement de ne pas prendre une goutte de liqueur tant qu'il *resterait sur la terre*; voici comment notre homme s'en tirait : chaque matin, il mettait dans sa poche une bouteille bien remplie, grimpait lestement dans un arbre du jardin, et vidait sa ration prétendant n'avoir nullement manqué à sa parole. Un autre, s'étant engagé à ne boire ni dans la maison de son maître ni au dehors, ouvrait sans façon la porte de la rue, plaçait une de ses jambes dehors, l'autre dedans, et ainsi à cheval sur le seuil, il buvait tout son soûl et sans le moindre scrupule; en effet il n'était ni dedans ni dehors. Un troisième avait promis de ne pas toucher au wisky tant qu'il serait sur le territoire de la paroisse; il alla bêcher quelques mottes de terre dans une paroisse limitrophe, et quand il voulait s'enivrer il en mettait une couche dans l'intérieur de ses souliers; évidemment il n'était plus sur les terres de sa paroisse. Ce dernier tour est exactement le même qu'imagina, il y a deux siècles, le duc de Roquelaure, exilé sur les terres d'Espagne. Au moyen de ces subtiles interprétations et de beaucoup d'autres de la même force, les domestiques, les ouvriers, les apprentis composaient aisément avec leur conscience, et échappaient sans commettre le moindre parjure au régime d'abstinence que leurs maîtres cherchaient toujours à leur imposer.

La classe inférieure tout entière à Cork s'adonnait donc à l'ivrognerie, cherchant dans le wisky la consolation ou plutôt l'oubli passager de ses misères, lorsque tout à coup on vit la plus grande partie de la population renoncer volontairement à cette habitude funeste et invétérée.

Voici l'histoire de cette réforme inespérée, de cette heureuse révolution qui jusqu'à présent se consolide de jour en jour et n'a pas subi de réaction. Dès l'année 1829, un respectable ministre de l'Église anglicane, le révérend George Carr, ayant lu dans les journaux américains les bons résultats obtenus par les sociétés de tempérance des États-Unis, conçut le premier le projet de fonder une société semblable dans la petite ville de New-Ross, dans le comté de Wexford; ses premiers essais eurent peu de succès; il fut raillé, bafoué, lui et le petit nombre de ses adeptes. Cependant il persévéra avec une louable constance; sa courageuse tentative fit du bruit au delà de l'enceinte circonscrite de New-Ross, et on parla bientôt dans toute l'Irlande de la société du révérend George Carr. On fit des caricatures, on rima des couplets burlesques, on décocha mille pointes et calembours contre les nouveaux réformateurs, mais de leur côté quelques hommes sérieux pensèrent avec raison qu'aucun peuple plus que le peuple irlandais n'avait besoin d'être tempérant et de conserver le plein usage de ses facultés. Un autre ministre anglican, le révérend Nicolas Dunscombe, un quaker, M. William Martin, et deux autres citoyens, MM. Olden, maître couvreur, et Connel, tailleur, se concertèrent pour établir à Cork une société de tempérance. Ils s'adressèrent à toutes les classes de la société, et firent au peuple les plus justes remontrances, mais ils ne furent pas écoutés. Ces hommes de bien avaient en effet un tort immense aux yeux de la population catholique, ils étaient protestants; l'Irlande est habituée depuis longtemps à regarder avec défiance tout ce que lui proposent ceux qui ont opprimé son culte et condamné ses prêtres au martyre. Les réformateurs recoururent alors au seul parti qui pouvait faire réussir leur entreprise; ils allèrent trouver M. Mathew, le supérieur des capucins, l'un des ecclésiastiques les plus aimés, les plus populaires de toute l'Irlande, et le supplièrent de se mettre à leur tête et de diriger leurs efforts; M. Mathew accepta, et le 10 avril 1838 fonda solennellement, sur les bases qu'elle a conservées jusqu'à ce jour, la société d'abstinence de Cork, *the Cork total abstinence society*.

M. Mathew prêcha la tempérance au peuple de Cork avec une éloquence simple et touchante qui fit une profonde impression sur tous les esprits. Il recommanda à la nombreuse classe des travailleurs d'être sobres, au nom de la religion de leurs pères, au nom de leurs femmes et de leurs enfants, dans leur propre intérêt; il leur dit que la sobriété était une vertu aussi sainte et aussi agréable à Dieu que la foi et la charité. Mais il ne se borna pas à convertir les habitants de Cork et des faubourgs; animé d'un saint zèle, il parcourut les campagnes, les villes, les bourgs et les hameaux comme un nouveau saint Bernard.

Nul n'était plus digne de remplir cette belle mission; nul autre, sans doute, n'aurait pu réussir aussi merveilleusement. M. Mathew est âgé d'environ cinquante ans; sa physionomie est belle et inspirée, son front majestueux, ses yeux noirs reflètent l'ardeur enthousiaste dont son cœur est animé; sa parole vibrante, ses manières gracieuses vous gagnent dès le premier abord, et au bout de quelques minutes d'entretien vous vous trouvez complétement captivé par cette éloquence chaleureuse, ce tact exquis et cette raison profonde servie par de si brillantes facultés. Il faut que l'ascendant qu'exerce M. Mathew soit réellement irrésistible puisque les protestants de toutes les sectes et les politiques de tous les partis le subissent, puisque le clergé anglican et les écrivains tories s'inclinent eux-mêmes devant cette éclatante et pure renommée. Partout sur son passage M. Mathew fit des prosélytes; toutes les populations jusqu'aux montagnes du Kerry, jusqu'aux rochers sauvages du comté de Clare, et au delà des rives verdoyantes du Shannon, accoururent à sa voix et se hâtèrent de prononcer entre ses mains leur vœu de sobriété. Au mois d'octobre 1840, la société d'abstinence comptait deux millions cinq cent trente mille membres. Rien n'est plus simple que la petite cérémonie qui accompagne l'installation d'un nouveau membre. Le récipiendaire s'avance vers le président et répète la formule du serment, conçue à peu près en ces termes : « Je promets de m'abstenir de toute boisson spiritueuse, excepté, en cas de maladie, si une ordonnance de médecin m'en prescrivait l'usage comme remède ; je promets en outre de faire tous mes efforts pour contribuer à extirper le fléau de l'intempérance. » Alors M. Mathew fait avec le doigt le signe de la croix sur le front du néophyte et lui dit : « Mon fils, Dieu vous donne la force de tenir votre résolution ! » Chaque membre reçoit une médaille et une carte ; sur la médaille sont gravés les emblèmes de la sobriété et du bonheur domestique couronnés par un ange et entourés par la célèbre devise : *In hoc signo vinces* ; le revers est orné d'une croix sur laquelle est écrite la formule du serment que nous venons de traduire ; on y lit également la date de la fondation de la société et le nom du très-révérend père Théobald Mathew, son président. La carte est à peu près conforme à la médaille ; l'une et l'autre se distribuent gratuitement aux membres pauvres ; les riches et tous ceux qui sont dans une condition aisée donnent un schelling en les recevant. Mais un très-grand nombre de membres et des moins fortunés ont tenu à honneur d'acquitter cette contribution, et M. Mathew s'est trouvé ainsi dépositaire de sommes considérables, qu'il a employées en charités et en bonnes œuvres de toutes sortes. Il fait en ce moment avec cet argent ériger une belle église dont la construction est confiée à un habile architecte, M. Kearns Deane. L'immense majorité, sinon la totalité, des membres de la société, est demeurée fidèle à son serment. Nous citerons à l'appui de notre assertion le témoignage d'un auteur protestant, de mistress Hall, qui vient de publier un très-remarquable ouvrage sur l'Irlande, auquel nous ferons de nombreux emprunts. Mistress Hall voyagea pendant deux mois, en 1840, dans la province de Munster ; elle parcourut les grandes routes et les chemins de traverse, visita les villages, les bourgs et les villes populeuses, se promena dans les marchés, aux foires et à un grand nombre de fêtes publiques, et pendant ces deux mois elle ne rencontra que six hommes en état d'ivresse. A la foire de Ballinaslove, qui est le grand marché annuel pour les bestiaux, il ne se but que huit gallons de wisky au lieu de huit cents qui s'y consommaient régulièrement les années précédentes. Plusieurs distilleries et brasseries ont suspendu leurs travaux, et les revenus de l'*excise* ne suffisent plus pour payer les appointements des commis ; mais d'un autre côté les caisses d'épargne voient chaque jour s'accroître leurs recettes ; les dépôts qui ont été versés pendant l'année dernière dans la *Saving's Bank* de Cork excèdent du double le chiffre de l'année précédente. On ne saurait trop louer l'homme vénérable à qui sont dus de si heureux changements ; ajoutons que M. Mathew reçoit avec la plus grande modestie tous les témoignages de respect et d'admiration dont il est constamment l'objet ; plus sa popularité et son pouvoir grandissent, plus il aime à se montrer simple dans ses manières et dans son langage. Son empire sur le peuple est réellement prodigieux ; il est aimé, vénéré et en même temps il est craint. Nous avons vu de pauvres paysans prêts à céder à la tentation de boire un verre de wisky s'arrêter à l'idée que M. Mathew le saurait. Dans beaucoup de chaumières, surtout dans les hameaux éloignés, on croit généralement que M. Mathew a reçu du ciel le pouvoir de discerner ceux qui manquent à leur serment. Parmi les bons et simples habitants des campagnes il y en a aussi qui croient que le vénérable président a le don de guérir les maladies et de faire des miracles, et que les membres fidèles de la société d'abstinence, grâce au patronage de ce saint homme, sont préservés de tout malheur, de tout danger, de toute maladie. M. Mathew n'ignore pas qu'il est l'objet de ces croyances superstitieuses, mais il pense devoir s'abstenir de les détruire dans l'intérêt même du succès de l'œuvre qu'il a entreprise. « Le bien, dit-il, s'opère tous les jours, et Dieu sans doute corrigera le mal. » Une particularité digne d'être remarquée, c'est que ce même M. Théobald Mathew, qui est aujourd'hui regardé comme un saint par le peuple et passe dans les campagnes pour opérer des cures merveilleuses et même des miracles, est issu d'une famille aristocratique et protestante ; il est neveu du noble comte de Llandaff. On raconte que son père, en apprenant qu'il s'était con-

mort Tobin, l'auteur d'une comédie fameuse, *the Honey Moon*, la Lune de miel. Tobin n'a pas joui de son succès; il ne devint célèbre que quand déjà son cœur ne battait plus et était devenu insensible à la louange comme au blâme.

Après avoir admiré les belles terrasses étagées de la ville de Cove, nous cinglâmes à l'est, et nous débarquâmes sur la côte, non loin de Cloyne, afin de visiter une de ces tours rondes qui ont si vivement excité la curiosité des antiquaires, et sur lesquelles on a tant discuté depuis le dernier siècle. Une prime de 500 livres sterling a été promise par le *lord Provost* du collége de la Trinité de Dublin à quiconque expliquerait d'une manière satisfaisante l'origine et la destination de ces étranges monuments. Chaque année, une foule d'érudits, des docteurs, des professeurs, des étudiants déposent des mémoires ; mais, jusqu'à présent, aucun d'eux n'a été jugé digne de recevoir le prix. Ces tours, qui sont fidèlement représentées sur plusieurs de nos gravures, sont hautes, étroites, et étaient autrefois couronnées par une espèce de couvercle pointu ; mais la plupart ont perdu leur bizarre toiture. A des hauteurs différentes de petites fenêtres font face aux quatre points cardinaux ; la porte est toujours à dix ou douze pieds du sol. Quelques-unes de ces tours ont plus de cent pieds anglais de hauteur ; elle sont d'une solidité réellement cyclopéenne, puisqu'elles datent probablement des premiers âges de la civilisation irlandaise, et qu'elles ont résisté pendant une si longue suite de siècles aux injures du temps, aux ravages de la guerre et à tous les fléaux qui ont désolé le pays.

Thomas Moore et un grand nombre d'antiquaires pensent qu'elles étaient consacrées au culte du feu ; d'autres savants affirment qu'elles servaient tout simplement de phares ; cette dernière opinion est peu vraisemblable, car souvent on les rencontre dans des lieux entièrement fermés, dans des vallons entourés de hautes montagnes. Enfin, d'autres écrivains prétendent que les tours rondes étaient des monuments funéraires ; il est vrai qu'en creusant le sol à l'intérieur on a trouvé quelquefois des ossements humains et même des squelettes entiers; toutefois nous penchons plutôt pour la première hypothèse, celle de Thomas Moore, car elle s'appuie, à défaut de preuves positives, sur des traditions populaires et sur des raisonnements spécieux.

On a trouvé dans l'Indoustan, près de Boglipour, deux tours exactement semblables à celles que nous venons de décrire. Lord Valentia rapporte qu'elles sont vénérées par les Indous et le rajah de Jyenagour comme des monuments sacrés, mais qu'on ignore la date de leur fondation et leur destination première. En Irlande, plusieurs tours sont revêtues de quelques ornements chrétiens : sur l'une d'elles, on voit un crucifix sculpté; sur une autre, c'est une image de la Vierge : mais ces pieux emblèmes sont évidemment postérieurs à la construction des tours elles-mêmes. Celle de Cloyne avait conservé sa couverture conique jusqu'en 1749; la foudre tomba alors sur la pointe même du toit qui s'écroula avec fracas, mais le reste de l'édifice ne fut pas endommagé.

La ville de Cloyne est peu considérable, mais très-ancienne. Dès le sixième siècle, saint Colman y avait fondé un siége épiscopal. Plusieurs célèbres prélats protestants ont aussi occupé l'évêché anglican de Cloyne, entre autres Berkeley, l'ami de Pope, et à qui le poëte attribua toutes les vertus

Every virtue under heaven.

Le dernier évêque anglican à Cloyne fut Brinkley, savant astronome et mathématicien, qui avait commencé par être l'instituteur des pauvres enfants d'un village du comté de Suffolk; il mourut en 1835, et le siége de Cloyne fut supprimé.

Aux environs de la ville, nous vîmes un autel et plusieurs pierres druidiques, et, en prolongeant notre course à environ deux milles au sud, nous fûmes admis à visiter le beau château de Rostellan, résidence du marquis de Thomond.

Nous couchâmes à Cloyne, et le lendemain, de bonne heure, le yacht nous ramena à Cork. La rade était couverte d'un épais brouillard qui nous voilait cette fois les beautés que nous avions admirées la veille : le temps change en Irlande avec une désolante mobilité; la pluie tomba bientôt fine et serrée. Heureusement, le vent nous chassait rapidement vers le port, et, en moins de deux heures, nous trouvâmes un abri dans la confortable maison de notre guide, située sur la promenade du Mardyke.

Nous employâmes les derniers temps de notre séjour à Cork à visiter les églises catholiques qui sont toutes ornées et entretenues avec un soin qui fait honneur au zèle et à la libéralité des fidèles. Le clergé catholique de Cork compte plusieurs hommes éminents par leurs vertus et leurs lumières. L'évêque, le révérend docteur John Murphy, est renommé entre tous par sa piété et ses vastes connaissances. Également versé dans la littérature sacrée et profane, il connaît la plupart des langues anciennes et modernes; en outre, il possède à fond les sciences naturelles, et il a publié des travaux très-remarquables sur la physique et l'astronomie. Sa bibliothèque particulière est l'une des plus riches et des plus complètes qu'il y ait en Europe. Le revenu de ce vénérable prélat s'élève ordinairement à 15,000 francs, c'est à peu près le traitement de nos évêques; mais ce revenu l'évêque de Cork ne le tient pas du gouvernement, il ne le doit qu'à la bonne volonté, qu'au dévouement des catholiques de son diocèse. C'est le peuple en Irlande qui nourrit et entretient ses prêtres par des dons volontaires. Cette rente du clergé et celle qui est faite chaque année à O'Connell sont les seules contributions qui soient acquittées avec exactitude et empressement par les plus pauvres comme par les plus riches citoyens.

De temps immémorial, chaque paroisse d'Irlande paye à son curé une certaine rente annuelle qui reste toujours à peu près invariable, et moyennant laquelle celui-ci se charge de nourrir et de défrayer un ou deux vicaires qui, généralement, vivent en famille avec lui dans le presbytère. L'évêque perçoit la rente de deux paroisses qui n'ont pas de curé et qu'il fait desservir par des vicaires; en outre, chaque curé du diocèse lui paye un tribut annuel d'environ quatre à cinq livres sterling, et chaque vicaire une livre seulement. Les mariages, les enterrements, les baptêmes et les différentes dispenses contribuent encore à augmenter le salaire du clergé. Nous avons vu souvent dans les campagnes les paysans se disputer l'honneur de servir leur curé; ce sont eux qui, volontairement, cultivent son jardin, labourent son champ, fauchent ses foins, battent son blé. De son côté, le curé rend d'éminents services à ces braves gens ; il entretient dans tous les cœurs l'amour de Dieu et de la religion; il fait l'éducation des enfants; il prodigue aux malades et à tous les malheureux ses soins et ses consolations. Entre le pasteur et le troupeau il règne donc un merveilleux accord, c'est entre eux un échange continuel de prévenances et de bons procédés.

L'Église catholique d'Irlande est la plus indépendante de la chrétienté : elle n'a rien de commun avec le pouvoir temporel, qui est aux mains des protestants; elle ne relève que de l'autorité spirituelle du pape; c'est la cour de Rome qui nomme ses évêques et tous ses dignitaires. L'Irlande catholique est divisée en quatre archevêchés qui correspondent aux quatre grandes divisions politiques. Ce sont les archevêchés d'Armagh, pour l'Ulster; de Dublin, pour le Leinster; de Cashel, pour le Munster; de Tuam, pour le Connaught.

L'archevêque d'Armagh est le primat de toute l'Irlande. Ces quatre archevêchés comprennent vingt-trois évêchés, savoir :

Huit qui relèvent d'Armagh, ce sont les siéges d'Ardagh, de Clogher, de Derry, de Down et Connor, de Dromore, de Kilmore, de Meath et Raphoe; trois qui relèvent de Dublin, ce sont Kildare et Leighlin réunis, Ferns, Ossory; six qui relèvent de Cashel, ce sont Ardfert et Aghadoe réunis, Cloyne et Ross, Cork, Killaloe, Limerick, Waterford et Lismore; quatre qui relèvent de Tuam, ce sont Achonry, Clonfert, Killala, Galway.

Deux autres diocèses, ceux de Kilmacduagh et de Kilfenora, ont été réunis sur la tête d'un seul évêque qui est alternativement le suffragant des archevêques de Tuam et de Cashel. Telle est en résumé l'organisation du clergé catholique en Irlande, organisation simple et régulière, et qui suffit parfaitement à maintenir l'ordre et la discipline dans tout le corps ecclésiastique. L'autorité du saint-siége et l'influence bienfaisante du clergé sont vénérées et bénies chaque jour par le peuple. La génération actuelle n'a pas oublié que, pendant plusieurs siècles, les prêtres de l'Irlande se sont exposés au martyre pour conserver à Dieu les âmes confiées à leur garde.

Mais ce clergé ne s'est pas borné à défendre au prix de son sang la religion du Christ, il s'est mis à la tête de ceux qui combattent pour les intérêts temporels de la nation ; ainsi la cause populaire et la cause catholique sont liées étroitement. Ce clergé, si dévoué, si fidèle aux divins préceptes de l'Évangile, commence à recevoir sur cette terre la récompense de ses efforts courageux et persévérants; son temps d'épreuve, ses mauvais jours sont passés; la population sur laquelle il exerce un empire salutaire et tout-puissant met tout son orgueil à assurer aux ministres de Dieu une existence convenable et aisée. Dans la plupart des villes, les prêtres ont un revenu modeste, mais suffisant. Dans les campagnes reculées, dans les pays désolés où il n'y a que des pauvres, le curé subit sans se plaindre la misère commune, et quand il reçoit de ses collègues plus heureux quelques secours, il s'empresse de les partager avec ses ouailles.

Des églises s'élèvent de toutes parts, et quelques-unes, grâce aux offrandes du pauvre et aux libéralités des riches, sont aussi belles que celles des contrées plus heureuses, où le catholicisme n'a jamais été persécuté. Chaque diocèse a ses séminaires, ses couvents d'hommes et de femmes qui ont deux sortes de revenus : l'un provenant de donations particulières, l'autre du prix des pensions que leur payent les enfants des familles riches qu'ils élèvent. La religion catholique, que les efforts de l'Angleterre protestante n'ont pu déraciner du sol de l'Irlande, est donc en ce moment pleine de séve et de vie; elle a fait, surtout de nos jours, d'éclatants progrès. Le lecteur en jugera par les tableaux que nous allons placer sous ses yeux. Voici d'abord quelle était en 1731, à

l'époque où les lois pénales étaient exécutées dans toute leur rigueur, la situation respective de la population catholique et de la population protestante [1].

PROVINCES d'Irlande.	PROTESTANTS.	TOTAL	CATHOLIQUES.	TOTAL.	TOTAL de la population.
Ulster.	560,630	700,451	158,028	1,509,768	2,010,219
Leinster. . . .	205,087		447,916		
Munster. . . .	115,150		482,044		
Connaught. .	24,604		221,780		

Comme on vient de le voir, il n'y avait donc alors en Irlande que 2,010,219 habitants. Pendant tout le siècle précédent, le pays avait été désolé par les guerres les plus furieuses, et quarante années s'étaient à peine écoulées depuis la malheureuse tentative de Jacques II. La réaction protestante sévissait dans toute la rigueur. Les catholiques étaient en fuite ; traqués par les soldats de la maison de Hanovre, ils étaient réduits à se cacher dans les montagnes, dans les forêts et dans les cavernes inaccessibles. Depuis l'année 1780, dit M. Mac Culloch, la population de l'Irlande s'est accrue d'une manière surprenante, et beaucoup plus qu'en Angleterre et en Écosse ; le peuple est vraiment devenu formidable par le nombre, il se propage sans cesse de plus en plus, et les catholiques sont aux protestants dans la proportion de 7 $^{1}/_{2}$ à 1.

Nous citerons encore, d'après la même autorité, les chiffres suivants, qui viennent à l'appui de ce qui précède. Ce tableau a été dressé sur les registres mêmes du recensement de 1834.

[1] V. Mac Culloch. *Statistical account of the british empire.*

DIVISIONS ECCLÉSIASTIQUES de l'Irlande.	MEMBRES DE l'Église anglicane.	CATHOLIQUES romains.	PRESBYTÉRIENS.	AUTRES SECTES protestantes.	TOTAL DE toutes les religions.
Armagh.	517,722	1,955,125	638,075	15,825	3,126,741
Dublin.	177,930	1,063,684	2,517	3,162	1,247,290
Cashel.	111,815	2,220,340	966	2,454	2,335,575
Tuam.	44,599	1,188,568	800	569	1,234,556
Total de la population. .	852,064	6,427,712	642,356	21,808	7,943,940

Depuis l'année 1834, les catholiques ont encore vu augmenter leur nombre. Malgré la famine et l'émigration, malgré toutes ses misères, le peuple grandit tous les jours. En additionnant le chiffre de la population catholique avec celui de la secte presbytérienne et des autres protestants dissidents, on trouve un total de 7,091,876. Eh bien, c'est cette immense majorité qui paye les frais du culte de la minorité. Par une fiction légale qui révolte le bon sens et l'équité, et dont rougissent eux-mêmes les anglicans de bonne foi, la religion de 852,064 individus est représentée comme le culte de près de 8 millions d'hommes. Cette Eglise *établie* est pourvue des plus belles terres, des plus riches domaines; en outre, elle perçoit des contributions sur tous les habitants, à quelque religion qu'ils appartiennent. D'après une évaluation officielle, mais que nous avons lieu de croire au-dessous de la vérité, le total des revenus de l'Eglise établie s'élève à 865,535 livres sterling. Les bénéfices ecclésiastiques en Irlande sont de véritables sinécures; les hauts dignitaires anglicans ne daignent même pas résider dans le pays; ils dépensent en Angleterre, ou sur le continent, l'argent que le fisc arrache au peuple en leur nom. La suprématie de l'Église anglicane, et tous les abus qu'elle entraîne, seront, jusqu'à leur réforme radicale, les plus graves obstacles au bon accord sincère, à la fusion définitive de la nation irlandaise et du peuple anglais.

CHAPITRE III.

L'ABBAYE DE YOUGHALL. — LES RUINES DE KILCOLEMAN. — GOUGANE BARRA. — LE SAUT DU PRÊTRE. — LA BAIE DE BANTRY. — GLENGARIFF. — LE COMTÉ DE KERRY. — LES LACS DE KILLARNEY. — LÉGENDE DU ROI O'DONOGHUE. — INNISFALLEN. — LA BRÈCHE DE DUNLOE. — VUE DU MANGERTON. — DERRYNANE, RÉSIDENCE D'O'CONNELL. — LES CAVES DE BALLYBUNIAN.

ous nous proposons maintenant de conduire le lecteur aussi rapidement que possible sur les bords des fameux lacs de Killarney, dans le comté de Kerry. Deux routes s'offrent à nous, toutes deux intéressantes et riches en points de vue pittoresques ; l'une, qui longe les côtes depuis Cork jusqu'à la baie de Bantry, nous promet une longue série de curiosités naturelles, d'anfractuosités découpées par la foudre ou quelque éruption volcanique, ou bien encore, selon l'opinion commune des habitants, par la main des anciens géants ; elle compte aussi plusieurs ports vastes et sûrs, capables de recevoir de gros navires marchands, et même des vaisseaux de guerre; nous verrions de loin l'île du cap Clear bien connue des marins et des astronomes, et une foule d'îlots arides, sauvages, dépouillés d'arbres et de toute espèce de végétation, où vivent et meurent des milliers de pauvres pêcheurs, qui n'ont jamais mangé que des pommes de terre ou les poissons que l'Océan leur envoie, et qui, la plupart, n'ont de leur vie mis le pied sur le sol de la *Grande Erin*, qui est pour eux un continent. Mais l'autre route, qui décrit un demi-cercle assez allongé, nous paraît préférable, parce qu'elle nous fournira l'occasion de saluer en cheminant quelques-unes des ruines les plus vénérables de l'Irlande, qui ont été reproduites avec un sentiment exquis et la plus scrupuleuse exactitude par le crayon de M. Bartlett.

En sortant de Cork, au lieu de tourner à l'ouest, nous nous dérangerons un peu pour aller à quelques milles faire un court pèlerinage à l'antique abbaye de Youghall, qui a été le théâtre de bien des luttes sanglantes entre les indigènes et les conquérants. Une magnifique fenêtre ornée d'une rosace délicieuse, voilà tout ce qui reste aujourd'hui pour donner une idée au touriste de ce qu'était jadis ce beau monastère. Tout auprès, et avec les précieux matériaux qui jonchaient le sol, on a construit une église protestante d'un goût médiocre. Youghall et ses dépendances appartinrent jadis au célèbre sir Walter Raleigh qui, étant arrivé, pour la première fois, en Irlande, en 1579, à la tête d'une petite bande d'aventuriers, et s'étant distingué par son ardeur à combattre les Irlandais rebelles à la domination anglaise, reçut alors pour prix de ses services une des plus belles parts des dépouilles du brave et malheureux comte de Desmond, chef de l'insurrection. Mais Raleigh n'était pas fait pour vivre obscurément sur son domaine, occupé à récolter ses foins et à vendre ses bestiaux comme un bon fermier; il fallait une scène plus vaste à son ambition, aussi se dépêcha-t-il de vendre à perte tous ses biens d'Irlande à Richard Boyle, premier comte de Cork. Aujourd'hui l'abbaye et la ville de Youghall appartiennent, avec tout le territoire environnant, au duc de Devonshire, dernier héritier des comtes de Cork. On montre encore une petite maison dans le style du seizième siècle, recouverte en partie d'un épais manteau de lierre et d'aubépine, qui a été le séjour préféré de Walter Raleigh, et, non loin de là, un berceau d'ifs, trois fois centenaires, qui ont été plantés, dit-on, par ses vaillantes mains.

De Youghall, nous nous dirigerons au nord-ouest; nous traverserons, sans nous arrêter, Fermoy, le petit bourg de Castle-Town-Roche, où est né l'un des plus grands orateurs des trois royaumes, Edmond Burke; puis la ville de Buttevant, qui doit son nom au cri de guerre du chevalier normand David de Barry, si terrible dans la mêlée, quand il chargeait à la tête de ses hommes d'armes, vociférant, à la manière de son pays : « Allons! boutez en avant! » Près de Buttevant, nous ferons une courte station pour explorer les ruines du château de Kilcoleman, situées sur une colline, et reflétées dans l'onde tranquille et transparente d'un étang spacieux. C'est là qu'a vécu heureux, mais pendant bien peu de temps, Spenser, l'un des grands poëtes du siècle d'Elisabeth, l'ami dévoué et l'admirateur de sir Walter Raleigh. Nommé, en 1588, secrétaire de lord Grey de Wilton, lord député d'Irlande, Spenser obtint, comme Raleigh, en récompense de son zèle, le manoir de Kilcoleman, qui avait aussi appartenu au comte de Desmond. C'est dans cette résidence qu'il a composé son beau poëme, *The Fairy Queen*. Je conseille aux touristes qui auront le désir de visiter les ruines de Kilcoleman, de relire auparavant les admirables vers du poëte; alors chaque colline, chaque ruisseau, chaque site se peuplera pour eux de vaporeux fantômes, de célestes apparitions, de mille hôtes enchantés. Ils retrouveront à chaque pas les traces légères de la reine des Fées, et savoureront avec délices l'air embaumé qu'elle a respiré. Mais les loisirs du poëte furent fatalement interrompus par l'insurrection de 1598, que du reste il avait pressentie, et pour ainsi dire prédite aux tyrans aveugles de l'Irlande. Le château de Kilcoleman fut brûlé par les rebelles, et Spenser échappa par miracle au massacre général avec sa femme et son enfant. Il se retira à Londres, où il mourut un an après dans la misère. La *Reine des Fées*, son chef-d'œuvre, resta inachevée.

Une bonne route macadamisée nous conduira jusqu'à Macroom, où nous devrons faire des provisions comme pour un voyage de long cours, car nous allons nous engager au cœur des montagnes, au milieu des *glens* solitaires, où nous ne trouverions ni un morceau de pain ni un verre de porter. Après avoir quitté le bourg de Macroom, nous n'avons plus sous les yeux que des roches sauvages, des *bogs*, des landes incultes, et parfois un pan de muraille lézardée, une cabane sans toiture, ou d'autres ruines ignorées, dont nous ne pouvons demander le nom à personne, car tout ce pays semble avoir été tout à fait abandonné par les hommes. Pas un arbre sur le chemin ; aucun bruit, si ce n'est le gémissement du vent ou le murmure monotone des mille ruisseaux qui, l'été, serpentent en longues spirales d'argent sur les flancs arides des montagnes, et qui, l'hiver, se changent, dit-on, en mugissantes cataractes. Après plusieurs heures d'une course pénible, au moment où le voyageur s'y attend le moins, le sentier fait un coude et s'abaisse en pente rapide ; on avance plus facilement, et bientôt la scène change comme par magie. Au lieu d'un étroit défilé, l'on n'aperçoit plus autour de soi qu'une immense ceinture de montagnes à pic. On cherche en vain le chemin par où l'on est venu, on ne peut le retrouver ; de toutes parts, l'horizon est fermé par des murailles de granit hautes de mille pieds. Pour nous, il nous sembla que pour sortir de cette formidable prison nous n'avions plus qu'à implorer le secours des aigles aux serres puissantes qui planaient au-dessus de nos têtes. Après nous être remis de notre surprise, nous contemplâmes le beau lac de Gougane Barra, dont les tranquilles ondes dorment au milieu du vallon. Nous descendîmes dans une petite île couverte d'arbres verts, où nous découvrîmes les ruines d'une chapelle, plusieurs vieilles croix et une quantité considérable de lambeaux d'étoffe et de haillons, déposés en guise d'ex-voto par les paysans du comté. Nous apprîmes que cette île avait d'abord servi de retraite à saint Fin-

Bar, avant que ce saint apôtre jetât les fondements du monastère et des divers établissements qui devinrent par la suite la ville de Cork. Les eaux du lac de Gougane Barra jouissent d'une immense réputation dans toute la contrée ; à chaque grande fête de l'année, les paysans y accourent en foule, l'un portant sur ses épaules sa femme ou son fils malade, un autre tirant de son mieux un poney poussif, ou un cochon en danger de mort. Les patients bipèdes et quadrupèdes sont plongés dans le lac, et toujours cette pieuse immersion les guérit radicalement. Le souvenir de saint Fin-Bar est encore tout frais dans la mémoire de ces braves gens; ils vous racontent toutes les bonnes œuvres, tous les miracles qu'il a opérés, les importants services qu'il a rendus au pays, comme si tout cela était arrivé hier. Un grand gaillard, haut de plus de six pieds, m'a expliqué, en faisant force signes de croix, comment saint Fin-Bar avait béni le lac après l'avoir purgé de l'anguille enchantée, monstre malfaisant qui exerçait ses ravages sur tous les troupeaux d'alentour.

Nous nous évadâmes de la vallée de Gougane Barra par le défilé de Keim-an-eigh, où, pendant l'insurrection de 1822, les Rockistes faillirent exterminer lord Bantry et une troupe de Yeomen qui s'y étaient imprudemment engagés. Les Whiteboys de 1822 s'appelaient Rockistes, du nom de leur chef mystérieux, le prétendu capitaine Rock, qui dirigeait tous leurs mouvements avec une si merveilleuse habileté.

Bientôt, nous atteignîmes le rocher du Saut-du-Prêtre. Je demandai encore l'étymologie de ce nom à un de mes compagnons, Irlandais dans l'âme, et qui parlait parfaitement le vieil idiome national. Un jeune berger à demi nu nous regardait passer en ce moment, et ouvrait de grands yeux tout étonné ; mon compagnon l'interrogea à son tour, et voici quelle fut la réponse de l'enfant : « Il y a bien longtemps de cela, car c'est le grand-père de mon père qui l'a dit, un saint prêtre, poursuivi par les torys, fuyait sur son âne au milieu d'une grêle de balles. Le pauvre abbé allait être atteint par les soldats, car ils avaient de bons chevaux, et lui n'avait qu'un âne bien fatigué. Il se recommanda alors à monseigneur saint Fiachna, et il était temps que le saint patron vînt à son secours. Tout à coup l'âne dressa ses pieds de devant, et assurément saint Fiachna le tira par la bride, car d'un seul bond il franchit sept grands milles, et en une minute le bon prêtre se trouva en sûreté au sommet de la montagne rouge que vous voyez là-bas. » Je payai un schelling cette naïve légende, et le petit paysan, émerveillé, ébloui de voir tant d'argent, se mit à sauter et à courir de toutes ses forces en me criant : « Longue vie à Votre Honneur! »

Nous continuâmes notre route vers le sud, tantôt gravissant des montagnes, tantôt côtoyant des lacs aux contours sinueux, et nous arrivâmes à la petite ville de Bantry, qui appartient, avec tout le pays d'alentour, au comte de Bantry et à sa sœur. La ville est située sur le bord de la baie, si justement vantée à cause de son superbe entourage de monts gigantesques, où l'on trouve à chaque pas une merveille ou un beau point de vue à admirer.

Les paysans assurent que les gorges de cette chaîne de montagnes ne contiennent pas moins de trois cent soixante-cinq lacs; nous avouons que nous n'avons pas compté, et que nous avons préféré croire ces bonnes gens sur parole; chacun de ces lacs est consacré à un des saints du calendrier. La baie de Bantry a été le théâtre d'une grande victoire, remportée au dix-septième siècle par la marine française sur la flotte britannique [1], mais elle a vu aussi nos mécomptes de 1796. Voici comment M. Thiers a raconté notre infructueuse tentative dans son *Histoire de la revolution française* [2] : « L'expédition mit à la voile le « 26 frimaire (16 décembre). Hoche et Morard de Galles étaient mon- « tés sur une frégate. L'escadre française, grâce à une brume épaisse, « échappa aux croisières anglaises, et traversa la mer sans être « aperçue. Mais, dans la nuit du 26 au 27, une tempête affreuse la dis- « persa. Un vaisseau fut englouti. Cependant le contre-amiral Bouvet

[1] Voir la 6e livraison.

[2] Tome III, page 488.

« manœuvra pour rallier l'escadre, et, après deux jours, parvint à la « réunir tout entière, à l'exception d'un vaisseau et de trois frégates ; « malheureusement, la frégate qui portait Hoche et Morard de Galles « était du nombre de ces dernières. L'escadre cingla vers le cap Clear « et manœuvra là plusieurs jours pour attendre les deux chefs. Enfin, « le 4 nivôse (24 décembre), elle entra dans la baie de Bantry. Un « conseil de guerre décida le débarquement, mais il devint impossible « par l'effet du mauvais temps. L'escadre fut de nouveau éloignée des « côtes d'Irlande. Le contre-amiral Bouvet, effrayé par tant d'ob- « stacles, craignant de manquer de vivres, et, séparé de ses chefs, crut « devoir regagner les côtes de France. Hoche et Morard de Galles « arrivèrent enfin dans la baie de Bantry, et apprirent là le retour de « l'escadre française. Ils revinrent à travers des périls inouïs. Battus « par la mer, poursuivis par les Anglais, ils ne furent rendus aux rivages « de France que par une espèce de miracle. Le vaisseau *les Droits de* « *l'Homme*, capitaine Lacrosse, se trouva séparé de l'escadre, et fit des « prodiges : attaqué par deux vaisseaux anglais, il en détruisit un, « échappa à l'autre; mais, tout mutilé, privé de mâts et de voiles, il « succomba à la violence de la mer. Une partie de l'équipage fut en- « gloutie, l'autre fut sauvée à grand'peine. Ainsi finit cette expédition, « qui jeta une grande alarme en Angleterre et qui révéla son point « vulnérable. »

Une petite barque longue et fine, gouvernée par les bras vigoureux de quatre enfants du Kerry, nous conduisit à Glengariff, et nous pûmes admirer à loisir la magnificence de la baie et les côtes pittoresques de l'île de Whiddy, qui trempe dans les flots de l'onde argentée sa radieuse couronne de verdure. Il est bien difficile de décrire l'incomparable spectacle qui s'offrit à nos regards dès notre arrivée à Glengariff; de même il nous serait impossible d'indiquer au touriste le meilleur point de vue, car, soit des hauteurs de la montagne du Pain de sucre, soit des fenêtres de l'hôtel de Glengariff, si admirablement situé, on aperçoit une infinité de rochers, d'îlots, de bouquets d'arbres semés à profusion sur toute l'étendue de la baie, ou enchâssés dans les flancs grisâtres des montagnes comme dans des cadres gigantesques. Ce qui nous console à moitié de notre insuffisance pour faire comprendre au lecteur l'effet magique de ces scènes si majestueuses et si variées, c'est que les dessins mêmes de M. Bartlett, d'une touche si habile, si délicate, n'en donnent qu'une idée imparfaite.

L'une de nos gravures représente le pont de Cromwell. Je questionnai notre guide pour savoir si en effet Cromwell était venu aussi loin dans le pays. « Il n'y a paru qu'une fois, répondit le guide, il voulut traverser notre beau glen en allant rendre visite aux O'Sullivan ; mais, arrivé au bord de la rivière, comme il n'y avait pas de pont, il lui fallut lancer son cheval dans les flots, et la difficulté qu'il éprouva le mit de si mauvaise humeur, qu'il ordonna aux habitants de construire un pont immédiatement, ajoutant qu'à son retour il ferait pendre autant d'hommes qu'il mettrait de minutes à passer l'eau, si les travaux n'étaient pas achevés. On savait que le vieux coquin était de parole, aussi le pont fût-il prêt au bout de quelques jours. » Le comté de Cork, dans lequel nous nous sommes arrêtés assez longtemps, est le plus considérable de l'Irlande ; il est même plus vaste qu'aucun comté d'Angleterre, excepté toutefois celui d'York. Il est divisé en deux districts : le district oriental renferme les onze baronnies de Duhallow, Orrery et Kilmore, Condons et Clongibbons, Fermoy, Kinsale, Imokilly, Kerrycurrihy, Kinnalea, Barrymore, Barretts et Muskerry orientale ; le district occidental est subdivisé en huit baronnies qui sont celles de Ibane et Barryroe, Bere, Bantry, Muskerry occidentale, Kinalmeaky, Courcies, Carbery orientale et Carbery occidentale. Cork envoie huit membres au parlement : deux pour le comté, deux pour la cité et un pour chacune des villes de Bandon, Kinsale, Mallow et Youghall.

Le voyageur qui vient de Glengariff entre dans le célèbre comté de Kerry, qui jadis formait à lui seul un royaume, par un tunnel long de deux cents yards. En débouchant de ce passage obscur, vous êtes d'abord tout ébloui, et ce n'est qu'après quelques minutes que vous pouvez admirer à votre aise le beau pays qui se présente à vos regards. « A qui sont ces terres si bien cultivées? demandai-je à un vieux fermier vêtu à la mode du siècle passé. — Au marquis de Lansdowne, un bon seigneur; aussi ses tenanciers l'aiment et le vénèrent. Votre Honneur est ici dans la plus riche partie du comté de Kerry. » Je remerciai ce digne homme de ces renseignements, et de beaucoup d'autres qu'il me donna sans attendre mes questions. Le paysan irlandais est très-communicatif; si vous lui adressez la parole, il ne vous répond pas catégoriquement et par monosyllabes, comme fait John Bull; au contraire, il se livre familièrement à une conversation qu'il soutient à lui tout seul, passant d'un sujet à l'autre, et ne s'arrêtant que lorsque votre patience est à bout. Avant l'établissement du tunnel que je viens de mentionner, les abords du comté de Kerry étaient, de ce côté, presque inaccessibles aux voyageurs, qui devaient gravir à pied des rocs formidables, et faire porter leurs bagages à bras par cinq ou six paysans.

La première ville dans laquelle on puisse se reposer et dîner confortablement, c'est Kenmare, située sur la belle rivière de ce nom. Dans les environs, il y a des mines de cuivre et de plomb qui procurent un travail lucratif à la population du canton. La route de Kenmare à Killarney est d'abord peu intéressante; mais à peine a-t-on parcouru sept ou huit milles, que le paysage s'embellit, se transforme, et commence à rassurer le touriste qui craignait déjà un désappointement. Les lacs de Killarney, surnommés depuis longtemps l'*orgueil de l'Irlande*, méritent réellement leur antique réputation; ils ne forment, à vrai dire, qu'une seule et immense nappe d'eau, puisqu'ils sont joints tous trois par des cascades et des torrents. Walter Scott, malgré sa partialité bien concevable pour le Loch Katrine et les lacs de son pays, qu'il a parés de tous les enchantements de sa brillante imagination, Wodsworth, le chef le plus illustre de l'école lakiste, et qui vit depuis bien des années dans un ermitage arrosé par les ondes féeriques du Grasmere, ces deux génies, si enthousiastes des beautés de la nature, ont, nonobstant leurs préférences particulières, rendu leur hommage de pèlerins et de poëtes aux splendides scènes de Killarney.

Les trois lacs ont chacun leur caractère distinct : l'un, le lac supérieur, est surtout remarquable à cause de l'aspect sauvage des cimes gigantesques qui le dominent, tandis que le lac inférieur, au contraire, étale sur ses bords des pelouses verdoyantes, et, au milieu de ses eaux transparentes, tout un archipel de gracieux îlots qui, vus de loin, ressemblent à autant de corbeilles fleuries. Le lac du milieu, appelé aussi lac Turk, participe de la nature de tous les deux, mais il n'atteint pas la sombre beauté du premier, et il n'offre pas non plus la séduisante variété du second. Les lacs de Killarney, comme la plupart des lacs d'Irlande, doivent, selon l'opinion des gens du pays, leur origine à une cause surnaturelle. Ainsi, c'est un fait avéré, que le roi O'Donoghue s'étant amusé un soir à enlever la pierre du puits de son château, l'eau déborda et se répandit pendant la nuit sur tous les domaines du grand chef, et au matin on ne vit plus qu'une mer aux lieux où s'étendaient des champs fertiles et des plaines couvertes de riches moissons. Il n'est pas moins certain que ce prince vit encore, habite, dans les profondeurs du lac, ses anciens appartements, et qu'il daigne se montrer de temps en temps aux habitants de la terre. *Nous avons vu* des gens qui *l'ont vu* plusieurs fois. Un vieillard centenaire, qui a été invité un jour par O'Donoghue à visiter son palais enchanté, a décrit ce pèlerinage aquatique avec des expressions si pleines d'admiration, que la plupart de ses compatriotes n'hésiteraient pas à suivre à leur tour le roi du lac, s'il leur faisait le même honneur. C'est ordinairement à l'aube des suaves matinées du mois de mai qu'O'Donaghue apparaît sur la terre pour respirer les frais parfums qui s'exhalent des prairies humides de rosée. Il se tient immobile sur son beau cheval blanc, richement caparaçonné ; il est revêtu d'une armure noire, sa lance est dans sa main droite, et sa longue épée pend à son côté ; un panache étincelant, semblable à la flamme d'un météore, flotte au sommet de son casque ; des groupes de jeunes garçons inconnus et de jeunes filles aussi belles que les anges précèdent et suivent le fantastique cavalier, semant des fleurs sur son passage, et tirant de la harpe ou de la cornemuse de mélodieux accords.

On croit que tous les jeunes gens qui forment le cortége ne sont autres que des esprits, car leurs visages sont lumineux, leurs corps diaphanes ; ils glissent, suspendus au milieu des vapeurs matinales ; ne touchent jamais la terre, et ne courbent pas même la frêle tige du genêt ou de l'églantier. Lecteur, si vous allez à Killarney, je vous souhaite de tout mon cœur la rencontre d'O'Donoghue, car c'est un signe certain de longue vie, de bon mariage et de prospérité ; aussi, ai-je vu à l'heure du crépuscule maint jeune berger et mainte blonde fille qui épiaient aux bords du lac l'apparition du radieux fantôme. Partout je n'entendis que le nom d'O'Donoghue, on l'a même appliqué à la plupart des merveilles naturelles qui sont concentrées en si grand nombre dans ce paysage délicieux. Parmi tous les rocs aux formes si bizarres, on m'a montré la prison, la bibliothèque, l'écurie, le pigeonnier, la table, la cave, et jusqu'au balai d'O'Donoghue. Une grosse masse de granit, suspendue par quatre piliers naturels, au milieu du lac inférieur, s'appelle le cheval d'O'Donoghue, mais les jambes du coursier inanimé commencent à s'affaisser, et l'animal tout entier pourra bien sombrer quelque jour, et aller rejoindre son maître au sein des eaux.

Pour faire le tour des trois lacs, embarquons-nous sur la plage, à l'endroit où aboutit la route de Kenmare. Une brise fraîche et parfumée nous pousse sur la surface frissonnante du lac supérieur, entre l'île du Chêne et l'île du Cerf, puis nous saluons le roc des Aigles, d'où nous voyons s'élancer majestueusement, en fixant le soleil, l'oiseau royal, irrité de notre approche ; ensuite c'est *Arbutus Island*, ainsi appelée à cause de ses taillis épais, où domine l'*Arbutus unedo*, moins haut pourtant et moins vigoureux que celui du mont Athos. Arrivés au pont d'Oldweirr, nous mettons pied à terre, car le passage est un véritable torrent, où plus d'un touriste a péri, dit-on ; de l'autre côté du pont, nous nous rembarquons, et nous voici sur le lac du milieu. Nous nous dirigeons d'abord vers la cascade écumante qui est alimentée par le ruisseau du Diable, provenant lui-même d'un lac fameux, que nous visiterons plus tard, appelé le Bol de punch du Diable. Un peu plus loin, nous quittons une seconde fois notre bateau pour aller explorer sur la rive l'abbaye de Mucross, fondée au quinzième siècle par le chef des Mac Carthy. Ce magnifique débris est mieux conservé que ne le sont d'ordinaire les ruines irlandaises. La porte de la chapelle est tapissée de lierre et de toutes sortes de plantes grimpantes; des milliers de tombes gisent éparses et pêle-mêle; nous remarquons, entre toutes, celles des O'Donoghue qui depuis les temps fabuleux se sont toujours fait enterrer dans cette terre sacrée. Plusieurs parties du monastère sont presque intactes; les dortoirs, la cuisine, le réfectoire, les caves pourraient encore servir, moyennant quelques réparations. On fait voir une haute cheminée dont l'entrée est presque entièrement cachée par les rameaux de deux ifs entrelacés, où vécut pendant dix ans un pauvre reclus, dont l'histoire est restée un mystère que la pénétration des plus adroites commères n'a jamais pu percer. Cet homme était appelé John Drake, mais tout porte à croire que ce n'était pas là son véritable nom. Il paraissait âgé de quarante ans environ; son front large, ombragé par d'épaisses boucles de cheveux noirs, ne s'éclaircit pas un instant durant ces dix années. Jamais il n'adressait la parole à personne, pourtant il répondait civilement à ceux qui lui parlaient; il avait pour tout vêtement une longue houppelande usée, et il couchait sur la dure hiver comme été; il ne demandait pas l'aumône, mais il recevait avec reconnaissance les pommes de terre et le lait que des âmes charitables lui apportaient. John Drake, malgré le sombre désespoir qui était peint sur ses traits, malgré l'abattement de sa démarche, était grand et beau; aussi avait-il pour lui toutes les femmes, jeunes et vieilles. Quand il n'était pas blotti, agenouillé dans sa tanière, il errait au milieu des tombeaux et des ossements humains qui jonchent le sol de l'ancien cimetière. Un jour, une jeune fille lui ayant demandé s'il avait vu quelque chose de curieux parmi les ruines, « Je n'ai rien vu de pire que moi-même, » répondit-il en soupirant. Une autre fois, on portait un homme en terre, et le fossoyeur lui dit : « John Drake, priez Dieu pour le trépassé. — Dieu vous garde, mon brave, » interrompit le solitaire, « priez, vous, car Dieu vous écoutera ; mais moi, j'ai beau prier pour moi-même du matin au soir, le Seigneur est sourd à ma voix. » Ces réponses, et plusieurs autres du même genre, avaient fait croire aux paysans que John avait commis quelque grand crime qu'il cherchait à expier en faisant pénitence. Enfin, ce personnage mystérieux disparut sans qu'on sût où il était passé ; les plus hardis allèrent visiter la cheminée pendant plusieurs jours de suite, et ils ne trouvèrent aucun indice, aucun renseignement sur la destinée du reclus. Mais, quelques mois plus tard, une grande dame étrangère, belle et richement parée, arriva dans un brillant équipage et accompagnée de plusieurs domestiques. Elle demanda John Drake, on lui dit qu'il était parti ; alors elle pleura beaucoup, distribua quelques aumônes, et quitta le pays immédiatement sans qu'on sût ni son nom ni quelle sorte d'intérêt elle portait à l'ermite de Mucross.

En nous éloignant des sombres voûtes de l'abbaye, nous dépassons tour à tour les îles du Diable et de Dinis, et nous entrons dans le lac inférieur, qui ne renferme pas moins de trente-cinq îles, toujours verdoyantes et jonchées d'intéressants débris. D'abord, c'est la grande île de Ross, couronnée par son vénérable château, le dernier qui ait été conquis par l'armée du parlement, en 1652. Lord Muskerry défendait vaillamment les remparts contre des forces très-supérieures, commandées par Ireton ; mais les assiégés, en voyant apparaître les mâts d'une flottille qui venait les bloquer, furent saisis d'une terreur superstitieuse ; ils s'imaginèrent assister à l'accomplissement d'une vieille prophétie qui annonçait la ruine imminente du château de Ross quand on verrait marcher la forêt de Birnam.

Innisfallen est reconnue comme la plus délicieuse des îles du lac inférieur ; elle est découpée par une infinité de petits ports, de criques aux gracieux contours ; l'intérieur est partagé par des vallées et des collines qui se succèdent alternativement. L'orme, le hêtre et le chêne y élèvent leurs cimes touffues au milieu des buissons de genêts et d'arbousiers. L'art a encore ajouté aux beautés naturelles des sites ; des points de vue ont été habilement pratiqués dans les directions les plus pittoresques. Les ruines de l'ancienne abbaye, fondée au septième siècle par saint Finian Lobher, fils des rois du Munster, offrent encore de l'intérêt aux amis de la science. Les annales d'Innisfallen, œuvre de deux moines de cette abbaye, forment une des sources les plus respectables et les plus accréditées de l'histoire du pays. Tous les monastères dont on voit les murailles crouler chaque jour sur ces rives et ces îles enchantées étaient au moyen âge autant d'écoles où les jeunes gens, et principalement les fils des chefs de clans, venaient apprendre les vérités de la religion, et recevoir des notions de la littérature latine. C'est pour cela que les indigènes appelaient autrefois le lac inférieur, dans leur langue figurée *Loch Lene*, c'est-à-dire le lac de la Science.

Parvenus à l'extrémité du lac, nous laisserons reposer nos rameurs, et nous parcourrons la vallée Noire et la brèche de Dunloe, qui a été ouverte par la terrible épée d'un monstrueux géant, ancien tyran de la contrée. L'imagination des poëtes ne saurait rêver rien de plus sombre et de plus sauvage que cette brèche de Dunloe, avec son torrent aux ondes aussi noires que celles du Styx, et ses blocs de roches tailladées, qui semblent former un escalier naturel pour gravir le sommet orgueilleux du Carran-tuel, la plus haute montagne de l'Irlande. Dans la profondeur du glen, des mineurs ont fait découvrir, en 1838, de vieilles inscriptions fortement incrustées, qui sont devenues une preuve de plus en faveur de l'opinion des savants antiquaires qui ont victorieusement démontré que l'Irlande avait eu, comme la Scandinavie, ses caractères runiques, et que la langue des bardes et des druides n'avait point été seulement une langue parlée et chantée. Notre bateau nous ramène en suivant la rive opposée à travers les trois lacs, et nous contemplons sous une autre face chaque île et chaque ruine. De retour à notre point de départ, nous devons, pour compléter notre excursion, gravir le mont Mangerton ; nous embrasserons d'un coup d'œil l'ensemble des ravissants paysages que nous avons admirés en détail. L'ascension est pénible, mais nous serons dédommagés de nos fatigues par le plus imposant spectacle. Une bande d'enfants et de jeunes filles nous accompagnent, et portent sur leurs épaules ou sur leurs têtes de grands vases pleins de lait et d'autres provisions ; laissons nous suivre, car dans ce petit voyage de plusieurs heures nous pourrons bien avoir besoin de rafraîchissements. En montant, détournons-nous parfois, et en reprenant haleine ne laissons échapper aucun des différents aspects de la grande scène qui s'étend à nos pieds. Ce lac aux ondes agitées que nous découvrons au milieu de notre route, encaissé dans les flancs mêmes de la montagne, c'est le fameux Bol de Punch du Diable, dont la sonde n'a jamais trouvé le fond ; sa surface est continuellement irritée ; toujours ses vagues se brisent ainsi contre les parois des rochers, aussi elles ne gèlent jamais. Cette dernière circonstance s'explique naturellement par la situation même du lac ; mais nos guides aiment mieux l'attribuer à l'influence de Sa Majesté Satanique, à laquelle le gigantesque Bol de Punch est consacré. Fox est, dit-on, le seul qui ait osé s'y baigner, et comme d'ailleurs pendant son séjour à Killarney il menait joyeuse vie, et avait l'habitude de se faire raser par un vieux barbier nommé Nicolas ; on a fait à ce propos le dicton suivant, que l'on a soin de répéter bien des fois à tous les voyageurs. « Fox se faisait couper la barbe le matin par Old Nick, (le surnom du diable), il allait à midi se baigner dans le Bol de Punch du Diable, et le soir, il se grisait, aussi comme le diable, avec la rosée des montagnes, c'est le nom poétique donné au wiskey. Arrivés au sommet du Mangerton, nous découvrons au loin l'océan Atlantique qui ferme l'horizon, la rivière de Kenmare, la baie de Dingle et la côte d'Iveragh si souvent battue par la tempête. Puis c'est une immense chaîne de montagnes dont les crêtes inégales, tantôt se dressent ceintes d'une couronne de verdure, et tantôt se voilent à demi sous un rideau vaporeux. Des torrents, des cataractes, des cascades étalent au soleil leurs ondes scintillantes ; et à mille pieds au-dessous de nous, nous distinguons les îles des lacs de Killarney, semées avec symétrie sur la surface des eaux comme des bouquets brodés sur une robe de gaze. Lecteur, vous n'avez pas vu dans beaucoup de pays de l'Europe tant de merveilles ainsi concentrées. C'est surtout au commencement de l'automne qu'il faut visiter Killarney ; le beau temps est d'abord plus fixe qu'en aucune autre saison, puis toute cette riche végétation qui revêt ces bords privilégiés est alors diaprée des nuances les plus variées, depuis le jaune tendre jusqu'au carmin le plus éclatant ; on voit de petites forêts tout entières aussi rouges que le justaucorps des chasseurs qui viennent y poursuivre le cerf ou le renard.

Nous ne quitterons pas le comté de Kerry sans pousser jusqu'à la limite méridionale, jusqu'à la villa souvent vide du libérateur de l'Irlande. C'est à Derrynane, sur la côte de l'Océan, que Daniel O'Connell va chaque année se reposer pendant quelques semaines de ses rudes travaux, de ses luttes glorieuses. Le domaine est vaste et bien soigné ; le château est moderne, et se compose de constructions hybrides qui ont été ajoutées successivement à raison du progrès de la fortune du propriétaire. On montre dans le voisinage la petite maisonnette, bien humble et bien chétive, dans laquelle est né le grand agitateur ; puis les ruines vermoulues de l'abbaye de Derrynane fondée au septième siècle par les moines de Saint-Fin-Bar. Des écrivains tories prétendent qu'O'Connell, comme certains philanthropes, est un maître dur et exigeant pour ses domestiques et ses tenanciers : c'est une calomnie de plus ; son nom est béni chaque jour par les paysans de Derrynane, et sa personne est aussi vénérée dans la baronnie que dans toutes les autres parties de l'Irlande.

Les côtes du Kerry sont très-curieuses à explorer ; on dirait que la nature, en les découpant, s'est abandonnée aux fantaisies les plus bizarres, aux caprices les plus fantastiques. En s'embarquant à la rivière de Kenmare, on atteint bientôt les îles Skellig qui, pendant plusieurs siècles, ont été le rendez-vous des pèlerins et des pénitents. La plus grande de ces îles est formée par deux immenses rochers à pic, à la base desquels on voit plusieurs petites cellules rondes, bâties sans ciment, sans doute par les premiers chrétiens, et où les dévots commencent leurs stations. Ils gravissent ensuite la pente du principal rocher ; de temps à autre ils s'agenouillent devant une pierre sacrée, devant une croix ou une image de la Vierge, et disent un certain nombre de Pater et d'Avé. Ils arrivent à une espèce de chemin creux percé à jour dans le flanc d'un roc, et semblable à un tuyau de cheminée ; au moyen de quelques entailles, ils montent jusqu'à l'extrémité de ce trou, qui a été surnommé l'OEil-de-l'Aiguille. Ils s'arrêtent alors pour reprendre haleine sur une petite plate-forme, où ils prient quelques moments ; mais ils ne sont pas au bout de leurs peines, il leur reste au contraire à franchir l'obstacle le plus difficile : il leur faut escalader, à l'aide des pieds et des mains, la fameuse pierre de Douleur que l'on n'atteint jamais sans trébucher vingt fois, et sans risquer à tout moment de rouler jusqu'au fond de l'abîme qui semble mugir à l'oreille du pèlerin comme le tigre après sa proie. Cependant les plus hardis et les plus enthousiastes ne sont pas satisfaits d'être parvenus à cette dernière station, sur la crête même du rocher, qui, à cause de son extrême ténuité, a été appelée le Fuseau par les uns, et par d'autres la Broche. — Une croix a été plantée sur cette pointe presque inaccessible ; eh bien, il faut qu'ils puissent raconter, en revenant dans leurs chaumières, qu'ils ont embrassé la croix de Skellig. Mais plus d'un malheureux a payé de sa vie cette suprême et très-périlleuse épreuve, et les accidents s'étant multipliés trop souvent dans ces dernières années, on dit que le zèle des pénitents s'est beaucoup refroidi, et que la plupart se contentent aujourd'hui de faire des pèlerinages moins dangereux.

Plus loin, à l'est, on découvre l'île de Valentia, surnommée à juste titre le jardin du Kerry. Jusqu'à l'époque de l'expédition de Cromwell, cette île était restée au pouvoir des Espagnols ; ses abords sont toujours défendus par des forteresses qui ont été construites par l'armée parlementaire. Les îles Blasquets, à l'ouest de la baie du Dingle, sont appelées les sentinelles perdues de l'Amérique. Tout le reste de la côte se compose d'une infinité de caves, de grottes, de cavernes aux proportions gigantesques. L'une de ces chambres étranges est précédée d'une arcade que l'on dirait taillée par la main de l'homme; l'entrée d'une autre est défendue par une énorme pierre suspendue à vingt pieds de hauteur, et qui semble menacer d'écraser le voyageur assez téméraire pour troubler ces solitudes. Les caves de Ballybunian surtout sont justement admirées. La baie des Contrebandiers, qui, ainsi que l'indique son nom, a été longtemps le quartier général et l'entrepôt d'un commerce illicite, présente comme une longue galerie de curiosités naturelles.

Le comté de Kerry, dont nous avons essayé de dépeindre les principales beautés, est, quant à l'étendue, le quatrième comté de l'Irlande. Il est divisé en huit baronnies, qui sont : Iraghticonner, Clanmaurice, Corkaguiny, Truchanackmy, Magunihy, Iveragh, Dunkerron et Glanerough. Il renferme plusieurs petites villes très-intéressantes, parmi lesquelles on doit distinguer surtout Tralée, Killarney, Listowel et Kenmare.

DEUXIÈME PARTIE.

CHAPITRE I.

LE SHANNON. — LIMERICK. — L'ABBAYE DE SAINTE-CROIX. — LES RIBBON MEN. — LE ROC DE CASHEL. — WATERFORD. — LE CHATEAU DE KILKENNY. — SAINT-CANICE.

près avoir relâché à Ballybunian, nous nous embarquerons de nouveau pour remonter l'embouchure du Shannon. Du cap de Kerry-Head jusqu'à Limerick, ce fleuve magnifique forme un vaste lac qui n'a pas moins de soixante milles de longueur. A gauche s'étendent les côtes pittoresques du comté de Clare ; à droite les rives du Kerry, puis les plaines fertiles du comté de Limerick. C'est au fond de la baie qu'est située la cité de Limerick, sur une plage si plate et si basse, que les maisons semblent s'élever à fleur d'eau. On voit encore les tours de cette fameuse citadelle qui défendue par les troupes françaises et irlandaises, soutint en 1690 un siége si glorieux contre l'armée formidable du roi Guillaume III. Limerick, comme presque toutes les principales cités de l'Irlande, se compose d'une ville irlandaise et d'une ville anglaise, bien différentes quant à la population qui lés habite, et surtout quant au style des maisons et des édifices. On en jugera par les deux gravures qui représentent, l'une, le vieux pont de Baal, et l'autre, le nouveau pont de Wellesley, qui conduit à la ville anglaise enclose dans une île que forment les deux bras du Shannon. D'honorables industriels ont fait depuis une quinzaine d'années d'énergiques efforts pour donner du travail à la malheureuse population de Limerick; nous sommes heureux de constater qu'ils ont obtenu tout le succès dont ils étaient si dignes. Plusieurs manufactures de gants et de tulle sont en pleine activité; l'une, celle de M. Walker, Anglais d'origine, n'emploie pas moins de onze cents femmes. Le peuple irlandais est naturellement adroit et industrieux ; ce sont les moyens de travail qui lui manquent. Mais si des jours plus heureux luisent pour l'Irlande, si le calme et la confiance s'établissent d'une manière durable, et si les capitaux peuvent enfin se montrer, alors on connaîtra que les artisans irlandais valent bien ceux de l'Angleterre; c'est ce qu'ont remarqué tous les voyageurs qui ont visité les grands ateliers de Manchester et de Liverpool, composés en partie d'ouvriers irlandais.

Parmi les nombreux établissements de bienfaisance que possède Limerick, le mont-de-piété, fondé en 1857 sur le plan de celui de Paris, par le vertueux M. Mathieu Barrington, mérite surtout d'être cité. On sait que, dans tout l'empire britannique, les classes pauvres sont toujours exposées à la rapacité des prêteurs sur gages. M. Barrington a donc rendu un éminent service au peuple de Limerick en lui ouvrant ce mont-de-piété, le premier qui ait été institué dans les trois royaumes.

La cathédrale est un noble et antique monument qui domine toute la ville. Du haut de la tour on jouit d'un beau spectacle; le regard plane sur une campagne immense, arrosée par le cours sinueux du Shannon.

Depuis le temps où Strafford gouvernait l'Irlande, on a discuté maintes fois sur la nécessité de rendre navigable ce beau fleuve qui est la grande artère de l'île. Mais tous les plans, tous les efforts, toutes les intentions généreuses ont échoué devant le mauvais vouloir des hommes d'État de l'Angleterre, qui toujours ont redouté de voir l'Irlande trop prospère. Le Shannon prend sa source au nord dans les montagnes du comté de Leitrim ; il forme bientôt un beau lac appelé Lough Allyn, puis, continuant sa course vers le sud, il sert de limite aux comtés de Longford et de Roscommon. Ses ondes, alors calmes et dormantes, s'élargissent peu à peu et deviennent le lac Ree. A Athlone, au contraire, il se précipite avec furie ; il roule avec cette impétuosité jusqu'à ce qu'il se transforme encore une fois en un lac spacieux entre les comtés de Tipperary et de Galway ; il s'appelle alors Lough Derg. Il reprend son cours à Killaloe, c'est là qu'il apparaît dans toute sa majesté, mais en même temps il devient inaccessible à la navigation, et jusqu'à Limerick il n'offre, pour ainsi dire, qu'une série de cataractes, dont l'une, la plus belle, celle de Doonass, a été reproduite avec la plus parfaite précision par M. Bartlett. Le comté de Limerick, l'un des plus fertiles de l'Irlande, est divisé en dix baronnies et renferme une population de 250,000 âmes. Les principales villes sont Kilmallock, surnommée la Balbek irlandaise, Askeaton, Newcastle, Rathkeale et Bruff.

Une bonne route conduit de Limerick à Tipperary, antique bourgade qui a donné son nom au vaste comté que nous allons parcourir. Nous ne nous arrêterons pas à Tipperary même, qui n'offre rien de bien remarquable, et nous nous transporterons immédiatement sur les bords de la Suir, devant les restes magnifiques de l'abbaye de Sainte-Croix, fondée en 1182 par Donald O'Brien, roi de Limerick. Cette abbaye a été de tout temps vénérée par le peuple irlandais comme le plus sacré de ses temples ; elle renfermait autrefois un morceau de la vraie croix, donné par le pape Pascal II au roi O'Brien ; cette relique est encore en la possession du clergé catholique, mais c'est à un des dignitaires de l'université protestante de Dublin, au docteur Wall qu'appartient aujourd'hui l'abbaye. Ce propriétaire hérétique est au moins un pieux amateur de l'art, car, grâce à ses soins vigilants, ce chef-d'œuvre de l'architecture du douzième siècle est en très-bon état de conservation. Une admirable fenêtre qui donne sur la rivière est tout à fait intacte. A l'intérieur on voit des débris de plusieurs tombes ornées des plus délicieuses sculptures.

Nous nous sommes déjà occupés dans notre première partie des *Whiteboys* et de leurs exploits sanglants. C'est principalement dans les districts septentrionaux du comté de Tipperary que se montrent de temps à autre ces bandes d'aventuriers nocturnes liés entre eux par des serments mystérieux. Aujourd'hui, sous le nom de *Ribbon men,* ils se répandent dans les campagnes, pénètrent chez les propriétaires isolés, se font livrer les armes et les provisions, et menacent des plus atroces châtiments ceux qui oseraient les dénoncer. Tous les efforts réunis de l'armée, de la Yeomanry et des nombreux agents de la police n'ont pu aboutir à purger le pays de ces redoutables *Outlaws*. Les défenses si énergiques de M. O'Connell lui-même ne peuvent empêcher des centaines de malheureux affamés de se laisser enrôler dans cette troupe malfaisante, surtout à l'époque, connue sous le nom de *Buying times,* alors que les provisions de l'année précédente étant épuisées, le paysan est obligé, en attendant la nouvelle récolte, de pourvoir comme il peut à sa subsistance.

Assurément il est impossible d'excuser les attentats des Ribbon men, mais ceux qui gouvernent l'Irlande doivent-ils s'étonner que des gens exténués par la faim, privés de tout moyen de travail, exaspérés souvent par l'inhumanité des propriétaires ou des *Middlemen* (1) qui les ont expulsés de leurs chaumières, prêtent l'oreille aux mauvais conseils et finissent par se livrer sans frein au brigandage et à la passion de la vengeance.

[1] On appelle *Middlemen* des spéculateurs qui sous-louent aux paysans les biens des propriétaires, en les fractionnant pour en tirer de plus gros bénéfices.

A quelques milles de l'abbaye de Sainte-Croix s'élève au milieu d'une plaine fertile le roc de Cashel, couronné par le plus imposant assemblage de ruines. La ville de Casbel, l'une des plus anciennes de l'Irlande, était autrefois la résidence favorite des rois du Munster. Le roc paraît avoir été consacré aux pratiques religieuses du culte druidique, c'est ce qu'atteste la tour ronde, que l'on voit à l'extrémité de cette étrange plate-forme de granit. Le roi Ængus, après sa conversion au christianisme, est, suivant une chronique, le premier qui ait bâti une église en ces lieux, souillés auparavant par les idolâtries des druides. C'est encore à Donald O'Brien, roi de Limerick, qu'est attribuée l'érection de la cathédrale, dont il reste de si magnifiques débris. Cormac Macarthy, qui de roi devint prêtre et ensuite évêque, construisit peu de temps après l'élégante chapelle qui a conservé son nom. L'abbaye est une fondation de David Mac Carvill, qui vivait au treizième siècle. Le palais archiépiscopal est l'édifice le moins ancien : il date du quinzième siècle. Nous ne pouvons qu'énumérer ces merveilleux chefs-d'œuvre qui donnent une haute idée du degré de perfection qu'avaient atteint les architectes irlandais du moyen âge, car si nous entreprenions de les décrire, un volume ne suffirait pas. Ajoutons seulement que de quelque côté que l'on approche du roi de Casbel, on est saisi d'une respectueuse admiration à l'aspect de tant de majestueuses ruines élevées sur ce piédestal grandiose.

La petite ville de Cashel se compose d'environ un millier de maisons d'une chétive apparence; la plupart même ne sont que des chaumières. C'est à Cashel que le roi Henri II reçut l'hommage des prélats irlandais réunis en synode sous la présidence de Christian, évêque de Lismore et légat du saint-siége. Les querelles de deux grandes familles rivales, les Butler et les Fitzgerald, ensanglantèrent plus d'une fois cette antique cité. En 1647, tous les habitants, y compris le clergé et les moines de l'abbaye, furent passés au fil de l'épée par l'ordre de lord Inchinquin, général de l'armée parlementaire. On se rappelle encore avec effroi dans le pays les détails de cette affreuse boucherie.

Pour gagner le comté de Waterford, le touriste suivra la grande route qui passe par Clonmell, la ville la plus considérable du Tipperary. Clonmel a donné naissance à deux écrivains illustres, Sterne et la comtesse de Blessington. Cette ville est bâtie sur la Suir et touche au comté de Waterford, avec lequel elle est en relations continuelles d'affaires. Le comté de Tipperary est un des plus vastes et des plus populeux de l'île; il renferme 402,565 habitants. Le territoire comprend treize baronnies.

De Clonmell à Waterford, la route est des plus agréables. En côtoyant les bords de la Suir on découvre tour à tour des points de vue charmants, des accidents pittoresques et variés. La voiture publique nous conduit jusque sur le quai de Waterford, qui a un mille de long en droite ligne, c'est le plus beau des trois royaumes. Le vieux château circulaire, qui est représenté dans la gravure, a été bâti en l'an 1005 par le roi danois Reginald. Après avoir servi successivement de palais, de forteresse et d'hôtel des monnaies, il a été converti dernièrement en prison; on y enferme actuellement les enfants voleurs et les vagabonds. A l'extrémité occidentale du quai, on voit un pont de bois léger et élégant qui relie la ville au comté de Kilkenny : ce beau pont a huit cent trente-deux pieds anglais de longueur sur quarante de largeur, c'est l'œuvre d'un ingénieur américain.

A trois époques différentes, Waterford a soutenu des siéges fameux contre Strongbow, Cromwell et Guillaume III. Cromwell n'est venu à bout de la belliqueuse cité qu'au moyen d'un stratagème habilement conçu et exécuté par deux frères nommés Croker. Le descendant de l'un d'eux est encore aujourd'hui propriétaire du domaine de Lisnabrin, donné en récompense à l'audacieux soldat du Protecteur. La cathédrale, bâtie par les Danois, a été défigurée par un architecte contemporain. Tout auprès on voit encore les ruines d'un beau monastère, qui, après avoir appartenu à des moines de l'ordre de Saint-François, a servi de temple à une colonie de protestants français, forcés d'abandonner leur patrie par suite de la révocation de l'édit de Nantes. Dans une autre partie du comté de Waterford, aux environs de Cappoquin, des Français ont plus récemment encore cherché un refuge. Ce sont des trappistes de la Meilleraye, qui, en 1831, sont allés se bâtir une retraite dans le lieu le plus inculte, le plus sauvage. Ils ont donné à leur nouveau couvent le nom de la Meilleraye. On les a accueillis en Irlande comme des martyrs, et chacun s'est empressé de leur offrir des secours. Les paysans des environs les ont aidés à construire leur demeure et se disputent encore chaque jour l'honneur de les servir et de labourer leurs champs. Beaucoup de voyageurs veulent visiter la Meilleraye et baiser les pages d'un précieux missel exposé dans le parloir dont les caractères et les enluminures sont, dit-on, de la main même de saint Bernard. Le comté de Waterford offre peu de ruines remarquables. Le paysage y est généralement moins pittoresque que dans les comtés adjacents. Une partie de la population trouve des moyens de subsistance dans les travaux des mines de Knockmahon, les plus abondantes de toute l'Irlande. Le comté est divisé en sept baronnies. Les villes principales sont Dungarvon et Lismore.

Nous allons entrer dans la province de Leinster et nous acheminer rapidement vers Dublin. Toutefois nous ferons une station en route pour jeter un coup d'œil sur les monuments intéressants que possède Kilkenny. Ce qui frappe tout d'abord les regards de l'étranger à son arrivée dans la ville, c'est le château, le vénérable manoir des Ormond, qui est resté jusqu'à nos jours en la possession de cette famille illustre. C'est un exemple presque unique en Irlande, où la propriété a subi de si nombreuses révolutions. Du sommet de la grande tour on aperçoit toute la ville de Kilkenny, baignée par la rivière Nore. Les guides qui vous accompagnent ne manquent pas de vous faire admirer la sérénité de l'atmosphère tout à fait pure de brouillard et de fumée, et à cette occasion, ils vous récitent ces vers composés par un ancien poëte à la louange de la cité :

Fire without smoke, earth without bog,
Water without mud, air without fog,
And streets paved with marble.

En effet, le charbon de Kilkenny est d'une qualité supérieure et ne produit qu'une très-légère fumée; les ondes de la Nore sont plus claires que les eaux des autres rivières irlandaises, l'air est véritablement moins chargé de vapeurs que partout ailleurs, et les rues de la ville sont bien pavées avec des quartiers d'un marbre noir, extrait des carrières environnantes.

L'antiquaire aimera sans doute à demeurer plus d'un jour à Kilkenny pour contempler à son aise tous les précieux vestiges que l'on rencontre dans chaque rue. Il voudra visiter en détail l'Abbaye-Noire, qui est aujourd'hui la paroisse catholique; le prieuré de Saint-Jean, dont il reste une superbe fenêtre si large et si haute, qu'on l'a surnommée la Lanterne de l'Irlande; mais surtout il admirera la belle cathédrale de Saint-Canice, bâtie au douzième siècle par l'évêque O'Dullany. L'artiste étudiera avec délices les bas-reliefs qui ornent les tombes d'une foule de chevaliers de la race des Ormond; il passera des heures entières auprès du monument consacré à Marguerite Fitz-Gerald, une fière héroïne qui portait le casque et la cuirasse, maniait la lance et l'épée, et qui, dédaignant de se laisser aimer, se plut au contraire à se faire craindre et haïr à l'égal des plus terribles barons.

Kilkenny a été longtemps la capitale du *Pale*, c'est-à-dire des possessions anglaises en Irlande. Les rois d'Angleterre y ont convoqué plusieurs parlements, entre autres celui qui travailla au statut trop célèbre dont nous avons cité les principales dispositions (1). On compte neuf baronnies dans le comté de Kilkenny et cinq villes importantes outre le chef-lieu, ce sont : Callan, Thomastown, Gowran, Freshord et Castlecomer. Maintenant si le lecteur veut bien monter avec nous sur la malle-poste, il arrivera bientôt à Dublin après avoir traversé, pour ainsi dire à vol d'oiseau, les comtés de la Reine et de Kildare.

(1) Voir la page 17.

CHAPITRE II.

DUBLIN. — LES LIBERTIES. — SAINT-PATRICK. — LES QUATRE COURS. — SACKVILLE-STREET. — LA DOUANE. — PHŒNIX-PARK. — TRINITY-COLLEGE. — LA BANQUE D'IRLANDE. — LES CLUBS. — LES ENVIRONS DE DUBLIN. — LE COMTÉ DE WICKLOW. — LE COMTÉ DE WEXFORD.

e premier coup d'œil est très-favorable à Dublin. A son arrivée, l'étranger ne peut s'empêcher d'admirer l'élégance de la ville, la beauté vraiment remarquable de la plupart des monuments, les ponts, les quais si pittoresques, les squares plantés d'arbres verts, les rues si bien tracées, si soigneusement entretenues, sillonnées en tous sens par ces légers véhicules appelés *jaunting cars*, et ornées de vastes trottoirs où se presse une foule bruyante et animée. Le touriste fashionable qui ne visiterait la cité qu'au galop de ses chevaux, conserverait de ses courses rapides la plus agréable impression. Mais, pour le voyageur attentif, ce séduisant panorama abonde en douloureux contrastes, en scènes si affligeantes, qu'il se reproche, pour ainsi dire, le plaisir qu'il a goûté en foulant tout d'abord les belles promenades des quartiers aristocratiques.

En parcourant les campagnes de l'ouest et du sud de l'Irlande, j'ai vu bien des villages, des bourgades entières composées de malheureux ; mais le spectacle de cette misère si digne de pitié, si désolante, m'a pourtant moins ému que l'horrible détresse des pauvres de Dublin. A deux pas des demeures les plus riches, des hôtels les plus élégants, s'élève une sombre cité aux maisons noires, vermoulues, délabrées, où foisonne une population hâve et souffrante qui fait mal à voir. Tous ces malheureux vivent pêle-mêle, enfouis dans les caves, car les étages supérieurs sont presque entièrement ruinés et toujours inhabitables. Quand la faim se fait trop cruellement sentir et devient intolérable, on les voit sortir par bandes de leurs trous et se répandre par la ville, sur les places et dans les promenades. Ils marchent tous ensemble et en silence, ne demandant rien à personne ; ils se contentent de montrer aux riches, pour tout reproche, leurs vêtements en haillons. Parfois, cependant, des sanglots, un cri de douleur arrachés par l'inquiétude et le besoin, s'exhalent du sein de quelque pauvre mère qui porte son enfant sur son dos, enveloppé dans le capuchon d'une mante de bure. Cette procession déguenillée, ce sinistre cortége inspire au moins la terreur à tous ceux qui ne sont point touchés de commisération. Chacun s'empresse de faire l'aumône à ces malheureux qui retournent alors pour partager avec leurs frères qui attendent impatiemment dans leurs tristes repaires. Dans les campagnes, au milieu des landes incultes et des *bogs* marécageux, l'aspect de la population est assurément moins affligeant. L'air salubre des champs répand sur la physionomie des paysans un frais coloris qui annonce la santé ; mais à Dublin, dans le vieux quartier des *Liberties*, on ne voit que des visages pâles et amaigris, empreints des traces sinistres de la plus cruelle souffrance.

Cette partie de la ville où gémit nuit et jour un peuple de mendiants, était autrefois habitée par l'aristocratie ; c'est le vieux Dublin. On y arrive par le château, vaste édifice sans caractère, qui ressemble bien peu aujourd'hui à la forteresse que les rois anglo-normands avaient élevée pour la défense de la cité. La chapelle royale, la tour de Birmingham où sont conservées les archives du royaume, rappellent seules le style de l'ancien château. Les flancs de la colline sur laquelle est assis ce monument sont occupés par les vieilles constructions des *Liberties*. On descend en traversant une longue file de ruelles qui serpentent comme les allées d'un labyrinthe, et au fond de cette vallée de ruines on découvre la cathédrale de Saint-Patrick. S'il faut en croire la tradition, l'apôtre de l'Irlande aurait lui-même bâti le premier une église en ces lieux. Ce qui est plus certain, c'est que la cathédrale actuelle date du douzième siècle. Ce remarquable édifice a conservé, malgré toutes les réparations et les embellissements qu'il a subis, le vénérable caractère de son antique origine. Le toit pointu qui recouvre la grande tour est un *ornement* qui a été ajouté récemment par un des architectes de la ville. Saint-Patrick appartient aujourd'hui au culte anglican, aussi tous les monuments que l'on voit à l'intérieur sont consacrés à des protestants. Le mausolée du comte de Cork, le tombeau du duc de Schomberg, la pierre tumulaire érigée en l'honneur de Swift, attirent principalement les regards des visiteurs. Le chœur et la nef sont décorés des bannières déployées de tous les chevaliers de l'ordre royal de Saint-Patrick.

En sortant des *Liberties*, nous gagnerons la porte de Richmond surmontée d'une tour crénelée ; puis, traversant le pont Sanglant, nous verrons se développer sur une longueur de plus d'un mille les superbes quais, ornés d'élégantes balustrades, qui enferment les ondes de la Liffey et séparent la ville en deux parties égales. Le premier monument qui s'offre à nos regards, c'est le palais des Quatre-Cours, où siégent, ainsi que ce nom l'indique, la cour de chancellerie, la cour du banc de la reine, la cour des plaids communs, et celle de l'échiquier. Ce noble palais de justice, qui occupe une surface de 450 pieds d'étendue, est couronné par un dôme de bronze qui produit, sous les feux du soleil, les effets les plus magiques. Deux portiques grandioses, décorés des armes d'Angleterre et d'Irlande, conduisent aux différents tribunaux. Poursuivant notre course le long des quais, nous saluons en passant plusieurs églises remarquables, et bientôt nous parvenons au pont de Carlisle où vient aboutir la plus belle rue de Dublin, Sackville-Street, dont chaque maison est un hôtel splendide ou un riche magasin. Au milieu s'élève une colonne de granit dédiée à Nelson ; à gauche, on voit le fronton du *Post-Office* supporté par six colonnes ioniques de quatre pieds de diamètre. Vis-à-vis est la librairie renommée de William Curry, l'une des plus fortes maisons des trois royaumes. Au fond de la rue Sackville est située la *Rotonde,* vaste salon où se donnent tour à tour des concerts, des bals et des dîners politiques ; puis le sombre bâtiment que vous apercevez tout auprès, c'est l'hôpital de la Maternité, deux contrastes qui ne sont séparés que par un mur mitoyen.

Maintenant que nous avons jeté notre coup d'œil sur la magnifique Sackville-Street, plus vaste encore que notre rue de la Paix, revenons au quai pour admirer le dôme et la belle colonnade de la douane. A l'aspect d'un palais si somptueux, infiniment trop grand et trop riche pour l'usage auquel il est destiné, on s'étonne de n'y voir que des ballots de marchandises, car on s'attendrait plutôt à y trouver les attributs de la puissance royale. En face de la douane, sur la rive opposée, cette vaste maison, dont les murailles sont couvertes d'affiches et de placards immenses où vous lisez des lettres d'un pied de haut, ce bâtiment dont les portes sont sans cesse assiégées par une foule agitée, c'est *Conciliation-Hall,* construit l'année dernière par l'ordre de M. O'-Connell. C'est le rendez-vous des *repealers ;* c'est là qu'ont été prononcés les derniers discours du Libérateur, aujourd'hui prisonnier lui-même ; c'est là qu'a eu lieu la dernière entrevue du véritable roi de l'Irlande avec son peuple si soumis, si confiant.

De beaux squares plantés d'arbres et décorés de statues offrent d'agréables distractions au touriste. Les principaux sont *Stephen's-Green,* qui l'emporte par l'étendue sur tous les squares de Londres ; *Merrion-Square,* où est située la maison d'O'Connell, et *Mountjoy-Square,* où réside monseigneur Murray, l'archevêque catholique de Dublin, vénérable prélat, qui, restant étranger aux luttes politiques, prodigue ses soins et ses consolations à tous les malheureux sans leur demander sous quelle bannière ils sont enrôlés, et qui, à cause de ses vertus et des éminents services qu'il rend chaque jour, s'est concilié le suffrage unanime des sectateurs de tous les cultes. C'est un exemple unique en Irlande, où les partis sont si exclusifs, si injustes, si intolérants et si aveuglés. Mais la plus riante promenade de Dublin, c'est *Phœnix-Park*, où l'on trouve des bois touffus, des allées majestueuses plantées d'arbres trois fois centenaires, et aussi des pelouses immenses qui servent d'hippodrome dans la saison des courses et en tout temps de champ de manœuvre à la nombreuse garnison de la cité. Chaque jour, quand il fait beau, les riches et les oisifs vont respirer l'air pur de Phœnix-Park. On y rencontre un grand nombre d'équipages et des cavaliers fashionables imitant le manége de la foule élégante qui se presse au célèbre *Hyde-Park* de Londres. Dans une des parties les plus pittoresques du parc, et non loin du palais où réside le vice-roi d'Irlande, on a planté, il y a peu d'années, un jardin zoologique qui est arrosé par une délicieuse petite rivière. Les animaux les plus rares y sont réunis ; mais j'ai admiré surtout de magnifiques chiens-loups indigènes dont la race se perd malheureusement. Les chiens-loups irlandais étaient tellement renommés au moyen âge, que les rois de l'Europe les payaient pour ainsi dire au poids de l'or. A l'entrée du parc un obélisque de pierre a été érigé en l'honneur du duc de Wellington, qui est né à Dublin.

Il nous reste encore à visiter deux établissements célèbres, la Banque d'Irlande et Trinity-College. Le splendide monument occupé aujourd'hui par la Banque du royaume a été construit, vers la moitié du dernier siècle, par le vice-roi, lord Carteret, et fut destiné primitivement à servir de palais législatif. C'est là effectivement que s'assemblèrent jusqu'à l'époque de l'union, en 1800, les lords et les communes d'Irlande. On voit encore la chambre des lords telle qu'elle était il y a cinquante ans. C'est une vaste salle oblongue, ornée de sculptures en bois de chêne, de tapisseries représentant des sujets historiques, d'une magnifique cheminée, et pourvue encore du bureau et des banquettes où siégèrent les législateurs corrompus qui votèrent l'anéantissement de la représentation nationale. Le collége de la Trinité, situé en face de la Banque, dans *College-Green*, a été fondé par la reine Élisabeth. L'université de Dublin est une des plus célèbres des trois royaumes ; elle compte dans son sein un grand nombre d'étudiants qui sont venus des comtés les plus reculés de l'Écosse et de l'Angleterre. La bibliothèque du collége est riche, surtout en ouvrages théologiques et en livres français. L'université de Dublin est gouvernée par un *provost* qui a le titre de lord ; les principaux dignitaires se nomment *fellows*. Autrefois les fellows de Trinity-College étaient astreints au célibat comme les prêtres catholiques : un décret de la reine Victoria leur a permis le mariage, et la plupart se sont empressés, dit-on, d'en profiter. Cette université fameuse, regardée comme le foyer, comme l'arche sainte du protestantisme en Irlande, jouit de divers priviléges importants ; elle est représentée au parlement impérial par deux députés.

Dublin possède plusieurs sociétés scientifiques qui méritent l'attention des voyageurs. Il faut visiter aussi les deux grands clubs où se réunissent les personnages les plus distingués. L'un, appelé *United-Service-Club*, est fréquenté uniquement par les officiers des armées de terre et de mer ; l'autre, celui de Kildare-Street, est le rendez-vous de la noblesse et de la *gentry*. Les maisons de bienfaisance sont nombreuses à Dublin ; on en voit dans presque toutes les rues. Les protestants, aussi bien que les catholiques, ont fait des efforts que nous aimons à reconnaître, pour le soulagement des classes souffrantes. Les congrégations d'hommes et de femmes sont surtout admirables de dévouement ; mais, il faut bien le dire, tout ce que la charité la plus ardente a tenté jusqu'à ce jour a été néanmoins insuffisant et hors de proportion avec l'étendue du mal : c'est qu'il est impossible de faire l'aumône à tout un peuple de pauvres. Le travail seul opérerait une amélioration efficace et durable dans le sort des malheureux Irlandais ; aussi nous avons vu avec douleur que les agitations politiques de l'année dernière aient eu pour effet d'arrêter brusquement de grandes entreprises industrielles qui donnaient quelque espoir aux véritables amis de l'Irlande. De son côté, le gouvernement persévère dans une coupable inaction et ne daigne pas même s'occuper de l'existence et de l'avenir d'une race intelligente qui, si elle était secourue et bien dirigée, apporterait pourtant des forces précieuses à l'empire britannique. Les courageux industriels qui, malgré tous les obstacles, donnent en ce moment l'exemple de la constance et du travail, méritent donc doublement l'approbation et les éloges des gens de bien. Entre autres établissements considérables, il faut citer surtout la fabrique de poplin de M. Atkinson et les brasseries de Guiness qui font une si redoutable concurrence à l'ancienne maison Barclay et Perkins de Londres. Le comté de Dublin est divisé en six baronnies et renferme une population de 200,000 âmes. La belle cité de Dublin, dont nous n'avons pu faire qu'une description bien succincte, offre beaucoup d'agréments aux étrangers. Elle est entourée d'une admirable ceinture de demeures aristocratiques, de villages pittoresques et de paysages verdoyants. D'abord c'est Clontarf, où se livra une grande bataille gagnée par le roi Brian sur les Danois (1); plus loin, c'est la colline de Howth et son château crénelé d'où le regard embrasse toute la baie de Dublin ; à quelques milles de là c'est Clondalkin, délicieux hameau au milieu duquel s'élève une tour ronde parfaitement conservée. Le touriste n'a, pour ainsi dire, pas besoin de guide, car de quelque côté qu'il dirige ses courses, le hasard se chargera de lui faire voir les sites les plus ravissants. Mais pour peu qu'il ait une semaine de loisir, il devra faire une excursion dans le comté de Wicklow, surnommé le jardin de l'Irlande à cause de sa fertilité, bien qu'on y trouve toutefois un grand nombre de sites sauvages et désolés et d'immenses *bogs* complétement dénués de végétation. Il ne pourra surtout se dispenser du pèlerinage aux sept églises de Glen-

(1) Voir la première partie.

dalough. Ce lieu est devenu célèbre depuis des siècles à cause de l'amour malheureux que conçut une jeune fille appelée Kathleen pour un jeune et beau solitaire qui a été canonisé par la suite, sous le nom de saint Kevin. On peut suivre pas à pas les traces de cette touchante histoire.

On voit dans le flanc d'un rocher qui borde le lac de Glendalough un trou profond où les noms de plusieurs visiteurs illustres sont gravés. C'est le lit de saint Kevin; c'est là que le solitaire s'était réfugié pour éviter la présence de Kathleen. Mais une nuit le saint, en proie à un douloureux cauchemar, se réveille en sursaut et aperçoit sur le bord de sa couche de granit l'image de la jeune fille; il croit sans doute que ce n'est qu'une apparition suscitée par l'enfer. Il fait un effort désespéré pour repousser la tentation. Mais, hélas! c'était bien Kathleen en personne, et l'infortunée roula le long des rochers et fut engloutie dans le lac. Les sept églises bâties par saint Kevin n'offrent plus aujourd'hui que des ruines presque informes; la tour ronde est restée seule intacte. Le comté de Wicklow étant situé à quelques milles seulement de la capitale de l'Irlande est mieux connu et beaucoup plus fréquenté que la plupart des autres comtés. Il n'est pas un site, un coin de terre, un ruisseau qui n'ait été exploré et décrit en vers ou en prose. Si quelquefois ces peintures nous ont paru surchargées d'ornements, nous avons trouvé bien plus souvent encore qu'elles restaient au-dessous de la réalité. Ainsi nous avons admiré sans réserve les bords charmants du Dargle, le *Glen* du Diable, la jolie petite ville de Bray, la riante vallée de la Downs, la vallée d'Ovoca plus délicieuse encore, dont les doux ombrages ont été chantés par le poëte Thomas Moore. Trois rivières se rencontrent dans la vallée d'Ovoca, et forment un lac gracieux encadré et à demi caché dans une bordure de grands saules. Tout autour s'élèvent de hautes collines chargées de bois touffus, qui répandent sur tout le paysage une teinte douce, un air frais et embaumé. On aperçoit, suspendu comme un nid au-dessus des cimes des arbres les plus élevés, un délicieux manoir dans le style du quinzième siècle, c'est la résidence de lady Howard, la veuve d'un des plus riches propriétaires du pays.

Le comté de Wicklow est divisé en sept baronnies ; il est borné au sud par le comté de Wexford, où le touriste trouvera encore une foule de ruines intéressantes, des châteaux forts bâtis par les Anglo-Normands, et un grand nombre d'édifices religieux, parmi lesquels nous citerons principalement la belle abbaye de Dunbrody fondée au douzième siècle par Hervey de Montmarisco. Ce comté, qui, pendant plusieurs siècles, a été le théâtre des luttes les plus acharnées entre les Anglais et les indigènes, est aussi riche en légendes qu'en débris d'architecture. Il se compose aujourd'hui de huit baronnies et renferme une population de 182,951 âmes. A l'époque de l'insurrection de 1798, la ville de Wexford fut une des premières à se prononcer contre la domination anglaise. Le peuple de la cité et les paysans des environs prirent la part la plus active à la rébellion. Aussi nous avons vu dans la première partie qu'ils attirèrent sur eux les plus cruelles vengeances.

CHAPITRE III.

LE COMTÉ DE KILDARE. — LE BOG D'ALLEN. — LE SÉMINAIRE DE MAYNOOTH. — LE COMTÉ DE MEATH. — TARA. — LA BOYNE. — DROGHEDA. — ARMAGH. — LES ORANGISTES. — LE COMTÉ DE DOWN. — DOWNPATRICK. — LA BAIE DE STRANGFORD.

e comté de Kildare est situé au sud-ouest du comté de Dublin. Ce nom de Kildare est une corruption de *Kill-drag*, qui signifie pays boisé. L'Irlande tout entière fut dans le principe couverte de vastes forêts qui ont été consumées sans doute dans quelque terrible cataclysme. Les débris de ces forêts ont formé les immenses *bogs* ou tourbières, disséminés dans toutes les parties de l'île, et dont la superficie a été évaluée, dans un rapport adressé au parlement, à deux millions huit cent trente mille acres. Le bog d'Allen, dans le comté de Kildare, est le plus étendu de l'Irlande ; il renferme trois cent mille acres. Ce bog offre le plus triste spectacle, c'est presque un désert ; on y rencontre seulement, à de longs intervalles, quelques huttes creusées dans le sol, ce sont les *maisons* des pauvres paysans, appelés *turf-cutters*, qui cherchent à gagner leur vie en coupant et faisant sécher la tourbe. Sur la lisière septentrionale du bog d'Allen s'élève le château de Carbery, donné par la reine Élisabeth à sir Henri Cowley ou Colley, un des ancêtres du duc de Wellington. Un descendant de ce chevalier épousa une jeune héritière du comté de Meath, appelée Garrett Wesley ou Wellesley, et depuis cette époque les Cowley ont pris l'antique nom de Wellesley. Le premier Wellesley qui s'établit en Irlande avait fait partie, en qualité de porte-étendard, de l'expédition commandée par le roi Henri II.

La ville de Kildare est bien déchue aujourd'hui ; le touriste devra pourtant y aller pour visiter une Tour-Ronde, l'une des plus hautes et des mieux conservées qu'il y ait en Irlande. Près de cette tour, on remarque une petite cellule en pierre qui fut habitée par sainte Brigitte, patronne du comté. Cette sainte, qui est encore très-populaire dans le pays, était contemporaine de saint Patrick ; elle fonda à Kildare un monastère célèbre, mais dont il ne reste plus de traces ; on rapporte que les nonnes de sainte Brigitte avaient été chargées par elle d'entretenir un feu perpétuel, comme à Rome les prêtresses de Vesta. Le feu brûla depuis la fin du cinquième siècle jusqu'à l'an 1220, et pourtant, dit la chronique, les cendres n'augmentaient jamais. L'archevêque de Dublin, Henri de Loundres, le fit éteindre au grand déplaisir des habitants du comté ; mais après lui le feu de sainte Brigitte fut rallumé et dura jusqu'au temps des persécutions du règne de Henri VIII. Aux environs de Kildare s'étend une plaine verdoyante de six milles de longueur, dont le sol doux et élastique offre une admirable carrière aux sportsmen irlandais. Le *Curragh* de Kildare est justement célèbre, c'est le plus bel hippodrome des trois royaumes et peut-être du monde entier.

Nous nous transporterons au nord du comté pour visiter une petite ville d'une apparence bien misérable, mais qui renferme un établissement très-intéressant aux yeux de tout catholique ; nous voulons par-

ler du séminaire où se recrute le clergé inférieur, si zélé, si pieux, si admirable de dévouement. La ville de Maynooth ne se compose que d'une seule rue, terminée d'un côté par un château appartenant au duc de Leinster, et de l'autre par le célèbre séminaire ou collége de Saint-Patrick. Le lecteur a pu voir dans la *première partie* avec quel art infernal le gouvernement anglais entreprit d'étouffer en Irlande la foi catholique. Aux yeux de la loi le catholicisme était même censé ne plus exister; pourtant, à l'heure du danger, quand l'Angleterre fut en guerre avec la France, l'aristocratie protestante fut bien obligée de s'avouer que ses efforts avaient été inutiles et que le peuple irlandais était plus attaché que jamais au culte de ses aïeux. La loi avait prohibé les écoles catholiques, mais chaque année de jeunes prêtres élevés dans les séminaires de France, d'Espagne ou d'Italie, revenaient dans leur pays natal exercer leur saint ministère, au péril de leur vie. Après avoir décimé le clergé irlandais, après avoir tout tenté pour l'anéantir, le gouvernement anglais, comprenant que jamais il n'arriverait à ce résultat, craignant que les prêtres élevés en France, c'est-à-dire en pays ennemi, ne rapportassent avec eux la contagion des idées et des sentiments français, se décida à faire allouer lui-même un fonds pour l'éducation des jeunes Irlandais qui se destineraient au sacerdoce. Au mois de juin 1795, le collége de Saint-Patrick fut donc fondé sous les auspices de l'oligarchie protestante et avec l'argent voté par un parlement protestant. La rente annuelle de ce séminaire s'élève actuellement à 8,928 livres sterling. Quatre cent cinquante séminaristes suivent à Maynooth les cours de théologie; ce sont la plupart des jeunes gens pauvres, car les fils de famille qui se consacrent à l'état ecclésiastique préfèrent généralement venir étudier dans les séminaires du continent. Le collége de Saint-Patrick est placé sous la direction de l'abbé Michel Montague, qui a le titre de président, et de l'abbé Renehan, vice-président. Tous les trois ans le chancelier d'Irlande fait pour la forme une inspection à Maynooth; il se borne à demander aux professeurs s'ils sont satisfaits de leurs élèves, et à ceux-ci s'ils sont contents de leurs maîtres. Un ordre parfait règne dans l'établissement de Maynooth; il est rare, assure-t-on, que les séminaristes s'exposent au blâme de leurs supérieurs; tous ces jeunes gens à la physionomie grave et douce paraissent en effet se conformer sans effort à l'austère discipline qui les régit. Outre la théologie, on enseigne la philosophie, les éléments des sciences naturelles, le latin, le grec et le français. Les élèves ont encore à leur disposition une excellente bibliothèque.

Le comté de Kildare se compose de treize baronnies; il renferme un grand nombre de ruines intéressantes. On voit encore les débris d'une ceinture de châteaux forts élevés par les chevaliers anglo-normands. Les principales villes sont Athy et Naas, qui fut une résidence des rois du Leinster.

Nous continuerons notre course vers le nord et bientôt nous atteindrons les rives de la Boyne, dont les eaux transparentes divisent le comté de Meath en deux parties égales. La ville de Trim, bâtie sur la rivière, possède un grand et magnifique château, à demi ruiné aujourd'hui, qui a appartenu à la famille des Lacy et qui a soutenu plus d'un siége fameux. Tout le cours de la Boyne est d'ailleurs marqué par une longue série de vénérables édifices. On ne peut faire un pas sans rencontrer les débris d'une tour, d'une citadelle ou d'une abbaye. Les touristes anglais ne manquent jamais de faire un pèlerinage au château de Dangan, situé à sept milles environ de Trim; c'est là que le duc de Wellington et son frère, le marquis de Wellesley, ont été élevés. Cette résidence, qui a été pendant plusieurs siècles la propriété de la famille Wellesley, a été vendue par le marquis à un personnage qui s'est plu à la dévaster.

Entre la ville de Trim et celle de Navan s'élève la montagne célèbre de Tara, où M. O'Connell convoqua l'année dernière un meeting dont le souvenir n'est pas encore effacé. Tara est un assemblage de cinq collines bien distinctes et qui, par la régularité de leurs contours, semblent être artificielles; elles portent des noms qui ont retenti bien des fois dans les chants des anciens bardes; ce sont Rath Riogh, Rath Laogaire, Rath-na-Seanah, Rath Eachlor et Rath Grainne. S'il faut en croire les descriptions du barde Fairceartne File, le palais de Tara était plus vaste et plus somptueux que le temple de Salomon. C'était à Tara que le roi de toute l'Irlande tenait sa cour, composée de rois, de chefs de tribus et de druides. Chaque année, au mois de novembre, le roi suprême rassemblait à Tara l'élite du peuple irlandais : la séance royale s'ouvrait par des chants religieux, puis on passait dans la salle du banquet, qui pouvait contenir douze cents convives. Après trois jours consacrés à des fêtes religieuses et guerrières, on s'occupait d'affaires. Les druides allumaient le feu de Saman, en l'honneur de la Lune, proposaient des lois, lisaient les annales du pays, et le roi distribuait des terres ou des commandements aux guerriers qui s'en étaient rendus dignes. Tara était alors la capitale de l'Irlande; une ville immense, une agglomération considérable de maisons, de tentes, de chaumières couvrait les cinq collines et tout le pays d'alentour. Mais Tara était surtout le sanctuaire du druidisme, aussi saint Patrick et ses successeurs lancèrent l'anathème contre ces temples et ces palais souillés par l'idolâtrie. A la voix des apôtres chrétiens, le peuple irlandais renversa les idoles qu'avaient adorées ses aïeux, brisa toutes les merveilles accumulées depuis des siècles; il ne resta bientôt plus de traces de cet amas de fastueux édifices, et une cité populeuse fut changée en désert. Aujourd'hui les cinq collines de Tara n'offrent encore qu'une aride solitude. Une pierre haute de six pieds est l'objet d'une grande vénération, c'est, dit-on, le *Lia Fail*, l'ancienne pierre sur laquelle on couronnait les rois d'Irlande. Tout près de là on aperçoit la croix d'une église toute moderne qui a été érigée sur l'emplacement d'un temple païen.

Nous retournerons maintenant sur les bords de la Boyne, nous suivrons pendant quelques milles le cours de cette charmante rivière, et nous arriverons sur les confins des comtés de Meath et de Louth, à l'endroit où a été livrée la célèbre bataille dans laquelle Jacques II perdit d'un seul coup ses trois couronnes (1). L'armée de Jacques et celle de Guillaume d'Orange comptaient dans leurs rangs un grand nombre de Français. Schomberg, le général en chef de Guillaume, et Caillemote, le commandant des protestants français, perdirent la vie dans la mêlée; alors le prince d'Orange comprit la nécessité de payer de sa personne, il chargea bravement à la tête des siens et refoula les bataillons catholiques. Quant à Jacques, il s'était tenu prudemment à l'écart pendant l'action, sur une éminence où s'élève le petit village de Donore; dès qu'il vit ses troupes plier, il prit honteusement la fuite, et bientôt il abandonna l'Irlande pour toujours. Ce champ de bataille, où se décida la victoire définitive de la maison d'Orange sur les Stuarts et le triomphe passager du protestantisme anglican sur le catholicisme, n'est plus aujourd'hui qu'une riante prairie parsemée de bouquets de bois à travers lesquels coulent tranquillement les eaux dormantes de la Boyne. Sur un rocher qui s'avance dans la rivière comme un promontoire, un obélisque a été érigé en 1736 par les soins de Lionel Sackville, duc de Sommerset, lord-lieutenant d'Irlande. Des inscriptions en anglais et en latin consacrent le souvenir du brillant fait d'armes de Guillaume III.

Le comté de Meath est divisé en dix-huit baronnies; les villes les plus remarquables sont Trim, Navan, Kells, Slane et Athboy. Deux Tours-Rondes, l'une située à Kells, l'autre à Donaghmore, attirent l'attention des voyageurs. La dernière surtout a été l'objet de l'examen des antiquaires. Elle porte d'un côté un Christ sculpté, et de l'autre une tête recouverte d'un capuchon semblable à l'ancien *glibbe* des Irlandais.

La Boyne se jette dans la mer à Drogheda, la première ville du Louth, comté qui se subdivise en cinq baronnies. Drogheda a une apparence très-pittoresque. On y voit des rues moitié anglaises et moitié irlandaises, des restes de fortifications, des portes défendues par des

(1) Voir la page 23.

tours crénelées, et de vieilles églises ruinées et criblées de boulets comme des forteresses. Les bassins du port se prolongent jusqu'au centre de la cité; les quais sont couverts d'une foule animée. A l'activité qui règne dans les rues, on s'aperçoit déjà que l'on approche du nord de l'Irlande. En 1649, Drogheda opposa une résistance héroïque à l'armée de Cromwell. Cette place était commandée par un brave officier, sir Arthur Aston, qui avait une jambe de bois. Cromwell laissa croire à ses soldats que cette jambe était en or, et la promit en récompense à celui qui tuerait le général. Les deux premiers assauts que livra Cromwell échouèrent devant l'intrépidité des assiégés; ce ne fut qu'au troisième qu'il parvint à entrer dans la ville. Mais le combat ne finit pas pour cela; les habitants et la garnison de Drogheda disputèrent le terrain pied à pied; il fallut faire le siége de chaque rue et de chaque maison. Les soldats de sir Arthur Aston transformèrent les églises en citadelles et se battirent jusqu'à la mort. Cromwell, exaspéré par ce courage indomptable, ordonna à ses troupes de tuer tout ce qu'elles rencontraient sans distinction d'âge ni de sexe. Le massacre dura cinq jours, alors seulement Cromwell pardonna à ceux qui avaient échappé à la mort. Le souvenir de cette horrible boucherie est encore gravé dans toutes les mémoires, et le nom de Cromwell est toujours exécré par le peuple de Drogheda. Si deux hommes se disputent, ils ne manquent jamais de se dire l'un à l'autre, parmi beaucoup d'injures et de gros mots : Que la malédiction de Cromwell soit sur toi !

Aux environs de la ville, on voit les ruines de l'abbaye de Mellifont. Une chapelle souterraine, dédiée à saint Bernard, est parfaitement conservée. On montre un petit donjon où se confina volontairement la reine Dervogoil, qui se laissa enlever par le roi Dermot et fut la cause de l'invasion anglo-normande, et par suite de l'asservissement de son pays (1). Pour expier sa faute, Dervogoil demeura prisonnière le reste

(1) Voir la page 15.

de ses jours et fit don de tous ses biens à l'abbaye. Un peu plus loin, au centre d'une petite vallée, s'élève la Tour-Ronde de Monasterboice, entourée de chapelles, de tombeaux, de vieilles croix sculptées, d'une foule de ruines amoncelées.

Une bonne route conduit de Drogheda à Dundalk, ville d'une belle apparence, située au fond d'une vaste baie. C'est à Dundalk qu'Édouard Bruce fut couronné roi d'Irlande en 1315. Nous traversons un petit promontoire et nous nous trouvons à Carlingford, autre port, dont les cottages gracieux, les jardins odorants, les riches villas sont peuplés d'une foule oisive et élégante. Carlingford est une ville de bains, c'est le Brighton de l'Irlande. Carlingford possède une belle et ancienne forteresse à demi ruinée qui s'appelle le château du roi Jean. La baie, bordée de beaux arbres et couverte de splendides habitations, présente un magnifique coup d'œil.

De Carlingford nous nous rendrons directement à Armagh, la capitale d'un comté riche et populeux. La ville d'Armagh est bâtie sur une colline qui s'élève au milieu d'une immense et fertile vallée. Armagh ne ressemble en rien aux villes du sud et de l'ouest de l'Irlande; elle se compose de maisons neuves, bien construites en belles pierres de taille; les rues sont droites, alignées, bien pavées; on voit un grand nombre de monuments, d'établissements publics qui sont entretenus avec le plus grand soin. Le peuple d'Armagh a le bonheur d'avoir du travail; il est occupé presque tout entier à la fabrication de la toile. Armagh est le siége d'un primat catholique et d'un primat protestant. La cathédrale des anglicans est un magnifique édifice que tous les archevêques ont contribué à embellir depuis plus de deux siècles. L'archevêque catholique fait élever en ce moment une cathédrale qui surpassera en splendeur l'église rivale. Armagh était appelée au moyen âge la cité des saints; on assure qu'elle fut fondée par saint Patrick; ce qui est certain, c'est qu'elle renfermait autrefois des églises bâties par les premiers apôtres de l'Irlande et des colléges où venaient s'instruire les jeunes gens des plus nobles familles.

Aujourd'hui les anglicans et les presbytériens sont en force dans le comté d'Armagh. C'est aux environs de la ville de Saint-Patrick qu'a pris naissance une société trop fameuse qui a fait une guerre acharnée au catholicisme. Quand vers la fin du siècle dernier, les catholiques, lassés de souffrir, se réveillèrent de leur torpeur et résolurent de se faire rendre justice, les tories exaltés trouvant que le gouvernement agissait trop mollement, organisèrent une confrérie mystérieuse dont le but était de forcer les opprimés à rester sous le joug. Les *orangistes* se propagèrent avec une rapidité effrayante; ils étaient pleins de zèle et d'activité; chaque victoire du parti catholique redoublait leur ardeur et leur animosité. Bientôt leur nombre s'éleva, tant en Irlande qu'en Angleterre, à plus de trois cent mille. Le duc de Cumberland, aujourd'hui roi de Hanovre, fut le grand maître de cette franc-maçonnerie politique et religieuse à l'époque de son apogée. Mais la cause de l'immense majorité du peuple irlandais, habilement défendue par O'Connell, triompha des efforts des ultra-tories, l'émancipation des catholiques s'accomplit, et en 1836 le parlement ordonna la suppression de la société générale des orangistes. Il ne reste plus maintenant que quelques loges isolées, disséminées dans les villes du nord de l'Irlande.

Le comté d'Armagh compte huit baronnies; il renferme plusieurs villes importantes; ce sont : Lurgan, Portadown, Tanderagee, Market-Hill et Newtown-Hamilton.

La ville de Newry, dans le comté de Down, est le point d'intersection de cinq routes et paraît être un centre d'affaires assez étendues. On l'a surnommée, je ne sais trop pourquoi, le Montpellier de l'Irlande. A quelques milles de Newry, sur le bord septentrional de la baie de Carlingford, on voit le charmant village de Rosstrevor, dont les cottages élégants sont adossés aux flancs des monts Mourne. Une ascension au Clough Mor, la plus renommée de ces montagnes, fournira au touriste de magnifiques points de vue qui le dédommageront amplement de ses fatigues. A moitié chemin, il s'arrêtera devant une énorme masse de granit qui a été suspendue par une puissance inconnue sur la cime d'une colline. D'abord il jugera impossible que des efforts humains aient pu parvenir à hisser à une telle hauteur ce bloc gigantesque; pourtant il est difficile de croire que la nature se soit plu à le jeter ainsi en équilibre sur une pointe escarpée. Quelques pierres druidiques et d'autres débris dispersés çà et là semblent prouver que ces lieux furent autrefois consacrés aux cérémonies païennes. Ce serait donc aux druides qu'il faudrait attribuer ce tour de force, que les paysans mettent sans hésiter sur le compte des géants, fils d'Anaak. Du sommet de la montagne de Cloug Mor, le regard embrasse une immense campagne parsemée de villes et de villages, et encadrée dans les ondes azurées de la mer d'Irlande. En continuant notre route le long de la côte, nous pourrons visiter en passant Tullamore Park, la résidence du comte de Roden, située au pied du mont Slieve Donard, puis la magnifique baie de Dundrum, et nous arriverons à Downpatrick, ville dont le nom réveille dans le cœur de tout Irlandais un enthousiasme pareil à celui qu'éprouvaient les chevaliers croisés au nom sacré de Jérusalem. C'est dans l'ancienne cathédrale de Downpatrick que le patron de l'Irlande, saint Patrick, fut enterré avec sainte Brigitte et saint Columb, ainsi que le constatait cette vieille inscription d'un latin barbare :

Hi tres in Duno tumulo tumulantur in uno
Brigida, Patricius, atque Columba pius.

En 1538, Léonard de Grey, lord député d'Irlande, profana les tombes des saints et brûla l'église qui les renfermait. Ce sacrilége lui porta malheur, il fut condamné à mort et exécuté quelque temps après. La cathédrale actuelle est moderne, et bien que le sépulcre de saint Patrick ait été violé depuis plus de trois siècles, les pèlerins ont continué à venir faire leurs dévotions aux lieux qui possédèrent les reliques du saint apôtre.

La ville de Downpatrick est bâtie sur un groupe de petites collines qui dominent la rive méridionale de la baie de Strangford. Cette baie, ou plutôt ce vaste bras de mer est couvert d'une multitude d'îles et d'îlots ; on en compte trois cent soixante-cinq, à ce qu'assurent les habitants. Ses bords sont jonchés pour ainsi dire de débris de châteaux et de monastères. Près de l'abbaye Grise, on remarque la résidence d'un descendant de Montgomery, ce capitaine des gardes qui tua dans un tournoi le roi de France Henri II. Catherine de Médicis fit trancher la tête à Montgomery, dont les enfants cherchèrent un refuge à la cour d'Angleterre et reçurent par la suite des établissements en Irlande. Au nord de la baie s'élève la petite ville de Newtown-Ards, qui appartient tout entière, ainsi que le district environnant, au marquis de Londonderry. Le noble lord vient de temps à autre séjourner dans son château de Mount-Stuart, magnifique édifice dans le style grec.

Le comté de Down renferme huit baronnies. Les villes les plus remarquables après celles où nous avons conduit le lecteur sont : Hillsborough, Castle-Wellan, Banbridge, Strangford, Bangor et Donaghadee.

CHAPITRE IV.

BELFAST. — CARRICKFERGUS. — LA CHAUSSÉE DU GÉANT. — DUNLUCE. — LONDONDERRY. — DONEGAL. — L'ABBAYE DE SLIGO. — LE COMTÉ DE MAYO. — GALWAY. — KILKEE. — KING'S COUNTY. — QUEEN'S COUNTY. — LES COMTÉS DE CARLOW, WEST-MEATH, ROSCOMMON, LONGFORD, LEITRIM, FERMANAGH, CAVAN, MONAGHAN, TYRONE. — CONCLUSION.

ous entrerons dans le comté d'Antrim par Lisburn, petite ville aux maisons blanches et coquettes, et qui renferme un monument érigé en l'honneur du lieutenant Dobbs, tué en combattant le fameux capitaine Paul Jones. On compte quatorze baronnies dans le comté d'Antrim, le plus florissant de l'île. Le chemin de fer de l'Ulster nous conduira en quelques minutes de Lisburn à Belfast, le chef-lieu de la province, et la capitale de l'industrie en Irlande. Belfast est une ville anglaise, aux rues propres et alignées, aux squares élégants, spacieux, à la population active et affairée. Les habitants sont exclusivement voués à l'industrie et principalement au commerce des toiles. On a évalué qu'il se fait à Belfast pour 5,000,000 sterling d'affaires chaque année, et que la fabrication de la toile donne de l'emploi à cinq cent mille personnes ; aussi le *Linen Hall* est-il le plus riche et le plus vaste monument de la cité. Belfast possède une foule de temples presbytériens et anglicans, car la majorité du peuple est protestante, et un grand nombre d'établissements de bienfaisance, d'écoles publiques, d'asiles pour l'enfance et les vieillards. C'est dans cette ville que Joseph Lancaster fonda sa première école irlandaise. Le port a été agrandi récemment et reçoit des navires de toutes les puissances maritimes du monde. Les bords de la magnifique baie de Belfast sont couverts de villages florissants, de manufactures et d'élégantes habitations. Le spectacle du bien-être, du travail et de l'aisance qui règnent dans tout ce district, forme un contraste frappant avec les scènes de misère que l'on a vues dans tant d'autres parties du pays. Le voyageur ne reconnaît plus l'Irlande ; il se croit transporté au sein des luxuriantes campagnes du Yorkshire ou de tout autre riche comté de l'Angleterre. A l'extrémité du vaste bras de mer appelé Belfast Lough, s'élève la ville de Carrickfergus et son château fort, construit sur un rocher à pic sans cesse battu par les flots. En 1760, un marin français, Thurot, s'empara par un hardi coup de main de cette place, et en resta maître pendant quelques jours. Le château fondé par Jean de Courcy, le conquérant de l'Ulidie (1), est encore en très-bon état de conservation ; il est pourvu d'une imposante garnison.

De Carrickfergus jusqu'à la Chaussée du Géant, la route suit le bord de la mer et présente à tout instant d'admirables points de vue ; à chaque pas on rencontre des merveilles naturelles, des grottes profondes, des arcades de granit, des rochers aux formes bizarres, ou de jolis villages dont les chaumières semblent suspendues à la cime des vagues. La première ville qui s'offre à nos regards, c'est Larne, dont les maisonnettes s'élèvent en amphithéâtre au-dessus d'une baie gracieuse à

(1) L'ancien nom de la province d'Ulster.

demi cachée par une verdoyante couronne de sapins. Vis-à-vis de la ville, vous apercevez un groupe de rochers dont les crêtes pelées se dressent comme des mâts sur la surface de l'Océan. Plus d'un navire s'est brisé contre ces roches perfides que les marins appel'ent poétiquement les *Maidens*, ou les Sirènes de cette côte dangereuse. Quelques milles plus loin, nous sommes à Glenarm, la résidence des comtes d'Antrim. Le château gothique de Glenarm est l'un des plus beaux des trois royaumes. Nous côtoyons la Baie Rouge, nous traversons les villages de Cushendall et de Ballycastle, laissant à notre droite le magnifique cap de Fair-Head, et nous arrivons au pont flottant de Carrik-a-Rede, qui joint ensemble deux énormes masses de rochers entourés d'eau de toutes parts, et sur lequel s'élancent en courant les hardis pêcheurs de ces parages. Maintenant la route s'écarte un peu de la côte et nous mène à Bushmills résidence de sir Francis Mac Naghten, le père du jeune diplomate qui fut assassiné dans l'Afghanistan. Les voyageurs ont coutume de s'arrêter à Bushmills, afin de se préparer à leur visite à la Chaussée du Géant, qui est située à quelques milles au nord.

L'aspect de la Chaussée du Géant défie toute peinture, toute description. Qu'on imagine un immense plan de colonnes coupées avec une admirable précision et se projetant dans la mer à perte de vue. Ces colonnes sont tantôt pentagones, tantôt hexagones ou heptagones, mais leurs faces s'adaptent avec une parfaite symétrie. Après s'être promené çà et là sur cette colossale marqueterie, on descend dans une barque, on gagne le large, et alors on peut embrasser d'un coup d'œil toute cette scène magique. A gauche de la Chaussée proprement dite s'étend une autre rangée de colonnes basaltiques enchâssées tout entières dans le flanc escarpé de la côte, c'est l'*orgue du Géant*. Les paysans racontent que parfois, à minuit, des sons mélodieux s'exhalent des tuyaux de cet instrument grandiose. Toute la rive est jonchée de ces admirables rochers qui ont reçu chacun un nom pittoresque à raison de la forme que l'imagination des gens du pays leur a reconnue.

Il y a le théâtre du Géant, la Couronne, la Cornemuse, la chaîne du Géant. On voit encore le Prêtre et son troupeau, la Nourrice et son enfant, le Roi et ses nobles. Mais ces merveilles sont dépassées en splendeur par le majestueux roc de Plaiskin, fantastique pyramide à triple étage. Il faut se contenter d'admirer tous ces mystérieux chefs-d'œuvre et renoncer à découvrir par quel miraculeux procédé ils ont été édifiés, à moins toutefois qu'on n'aime mieux admettre sans contrôle la légende populaire, qui assure que le géant Fin Mac Cool, ayant provoqué en combat singulier un géant écossais, bâtit en une nuit la merveilleuse chaussée, afin que son adversaire pût arriver en Irlande sans se mouiller les pieds. L'île de Rathlin, qu'on aperçoit en mer à quelques milles de distance, présente des constructions semblables, et plus loin encore, l'île de Staffa, sur la côte d'Écosse, est entourée également d'une ceinture de colonnes basaltiques. Les géologues en ont conclu que la Chaussée du Géant reliait autrefois l'Écosse à l'Irlande. Cette supposition, qui, d'ailleurs, n'est pas invraisemblable, a encore le mérite de concorder parfaitement avec la légende de Fin Mac Cool.

Poursuivant notre chemin à l'ouest, nous visiterons en passant l'antique manoir des Mac Donnell, le château de Dunluce qui se dresse sur un rocher à pic de cent pieds de hauteur, puis nous arriverons à Portrush, petit port où nous nous embarquerons afin de contempler les ravissants paysages qui bordent le magnifique lac Foyle, au fond duquel est située la jolie ville de Londonderry. Le comté de Londonderry paraît être dans un état aussi prospère que celui d'Antrim. Il est divisé en six baronnies. La ville de Londonderry est élégante, bien bâtie et fermée par des remparts devant lesquels échouèrent, en 1689, les efforts de l'armée catholique. Les protestants ont élevé une colonne en l'honneur de Walker, le héros de ce siége fameux.

Une journée suffira pour traverser rapidement le comté de Donegal, dont les sites sauvages contrastent si tristement avec les riantes campagnes du Derry. Sur les routes, on ne voit que des enfants demi-nus poursuivant les voitures en implorant la charité des voyageurs. La détresse des paysans de ce district est extrême. Les villages se composent de chétives cabanes à demi ruinées ; la population est sans travail et n'a d'autre alternative que de mendier ou de mourir de faim. Le comté de Donegal compte six baronnies. Il est entouré au nord et à l'ouest par un rempart de côtes escarpées ; il possède plusieurs vastes lacs et de hautes montagnes, parmi lesquelles on cite le mont Errigal, qui a deux mille quatre cent soixante-trois pieds anglais d'élévation. Les villes principales sont Donegal, où l'on voit les ruines d'un magnifique château, Ballyshamon et Lifford.

Nous nous avançons dans le cœur de la vieille Irlande, dans cette malheureuse province de Connaught, où les catholiques étaient naguère refoulés et traqués comme des bêtes fauves. Le comté de Sligo, divisé en six baronnies, n'offre presque à nos regards que des steppes arides et des montagnes hérissées de rochers. Toutefois, nous devons constater ici les tentatives qui ont été faites depuis quelques années par une compagnie anglaise pour féconder cette partie de l'Irlande. Cette compagnie, autorisée en 1836 sous le nom de *the Irish waste land Society*, a entrepris de défricher les déserts du Connaught, qui depuis des siècles ne connaissaient plus les atteintes de la dent de fer de la charrue. Dans ce but, elle a fondé quatre établissements agricoles qui sont actuellement en voie de prospérité. L'un est situé à Gleneske, dans le comté de Sligo ; le second à Tullygolin, dans le comté de Limerick, et les deux autres dans le Galway, à Bellinakil et Kilkerrin. La ville de Sligo, bâtie au fond d'une baie, possède un port vaste et sûr ; mais pourtant le commerce y languit comme dans toutes les autres places du littoral. L'abbaye, dont le cloître et la grande tour sont encore presque intacts, a été fondée au treizième siècle par Maurice Fitz-Gerald, comte de Kildare.

La baie de Killala sert de limite aux comtés de Sligo et de Mayo. C'est à Killala que débarqua, le 28 août 1798, le général Humbert, à la tête de mille hommes seulement. Humbert s'empara de Ballina sans coup férir, s'avança jusqu'à Castlebar, le chef-lieu du Mayo, où il rencontra les généraux Lake et Hutchinson, qu'il mit en déroute complète. Cette expédition hardie fut vigoureusement conduite, mais malheureusement le moment était mal choisi. Les patriotes irlandais étaient alors épuisés, hors d'état de s'organiser et de répondre à l'appel des Français. Les Anglais au contraire étaient en forces, et bientôt le marquis de Cornwallis arriva avec une armée de vingt-sept mille hommes qui accabla facilement Humbert et sa poignée de braves. Le comté de Mayo, divisé en neuf baronnies, est très-pittoresque. Le lac Conn surtout est très-renommé. La population, malgré sa misère, est belle et forte ; c'est dans ces districts éloignés qu'on retrouve les types les plus purs de la race milésienne. Sur les bords de la baie de Clew, au pied d'une montagne célèbre, Croagh Patrick, s'étend la jolie ville de West Port, où le marquis de Sligo possède un magnifique domaine.

Le pays de Joyce et le Connemara, dans le comté de Galway, ont été surnommés les *Highlands* de l'Irlande. Le lac Mask, la source de la Killeries, Clifden et le lac Corrib sont vantés à l'égal des plus beaux sites de l'Ecosse. La ville de Galway est la plus précieuse des cités irlandaises pour l'artiste et l'antiquaire. C'est un assemblage de constructions gothiques et de manoirs des quinzième et seizième siècles confondus pêle-mêle avec des habitations plus modernes, mais toutes d'un style très-pittoresque. On y voit des ruelles étroites comme dans les villes d'Espagne, dont les maisons sont percées de fenêtres à ogives et ornées d'écussons noircis, et de vénérables armoiries à demi effacées par le temps. Notre gravure représente *Lynch's Castle*, l'un des plus beaux joyaux de la parure murale de Galway. Le *Claddagh* est un faubourg entièrement occupé par les matelots et les pêcheurs. Cette population a des mœurs, des lois et une organisation tout à fait à part, elle obéit à un *roi* de son choix qui n'est autre que le plus hardi et le plus brave marin du port.

L'histoire de James Lynch Fitz Stephen est célèbre en Irlande. Cet homme était maire de Galway en 1493 ; il avait un fils, qui, dans un accès de jalousie, assassina un jeune Espagnol, son ami, qu'il soupçonnait d'avoir séduit sa fiancée. Le maire de Galway, en sa qualité de premier magistrat, dut juger lui-même son fils et le condamner à mort. Mais le coupable était très-aimé dans la ville, et au moment de l'exécution, le bourreau fit défaut, et on ne put trouver personne qui voulût se charger de le suppléer. Alors l'impitoyable Lynch s'avança vers la potence, et, malgré les prières de sa famille et de tout un peuple, il pendit de ses mains son propre fils. Une tête de mort, sculptée au-dessus d'un porche à demi-ruiné, désigne encore la maison du Brutus irlandais. Le comté de Galway renferme dix-huit baronnies ; les villes principales sont Tuam, Athenry, Loughrea et Headford.

Maintenant notre tâche approche de son terme : nous avons conduit le lecteur dans tous les lieux les plus remarquables ; il nous suffira, pour compléter notre tableau de l'Irlande, de donner quelques renseignements sur plusieurs comtés moins intéressants que ceux que nous avons parcourus (1).

Les comtés où nous ne nous sommes pas arrêtés sont :

Le comté de Clare, où sont situés les ponts naturels de Kilkee et la caverne Puffin. On compte neuf baronnies dans le Clare et cinq villes assez considérables, qui sont Ennis, Kilrush, Killaloe, Curofin et Enniskymon.

Le comté du Roi (King's County), divisé en onze baronnies. C'est à l'extrémité occidentale de ce comté, près des rives du Shannon, que s'élèvent les sept églises de Clonmacnois.

Le comté de la Reine (Queen's County), divisé en neuf baronnies. Le chef-lieu est Maryborough.

Le comté de Carlow, divisé en six baronnies.

Le comté de Westmeath, qui en compte douze et quatre villes remarquables, Mullingar, Moate, Rathowen et Ballymore.

Le comté de Roscommon, partagé en six baronnies. Les villes principales sont Roscommon, Boyle et Tulsk.

(1) Nous ne saurions trop recommander à ceux qui désirent bien connaître l'Irlande, l'excellent ouvrage publié par M. César Moreau, ancien vice-consul de France à Londres, et qui a pour titre : *The past and present statistical state of Ireland.*

Le comté de Longford, divisé en six baronnies. Villes principales : Longford, Edgeworthstown, Granard et Lanesborough.

Le comté de Leitrim, qui se compose de cinq baronnies, ne possède qu'une seule ville remarquable, c'est Carrick-on-Shannon.

Le comté de Fermanagh, divisé en huit baronnies, ne renferme également qu'une ville de quelque importance, Enniskillen, mais il possède le beau lac Erne, au milieu duquel s'élève l'île sacrée de Devenish.

Le comté de Cavan compte huit baronnies et deux villes assez considérables, Cavan et Belturbet.

Le comté de Monaghan (chef-lieu Monaghan) est divisé en cinq baronnies.

Le comté de Tyrone, qui a donné son nom à la fameuse rébellion de 1597, se compose de quatre baronnies. Les villes principales sont Omagh, Strabane, Clogher et Dungannon.

Conclusion. — Nous avons essayé de faire connaître les beautés d'un pays trop longtemps dédaigné par les voyageurs. Puisse notre humble travail inspirer à quelques esprits généreux le désir de visiter et d'étudier l'Irlande. Mais notre but serait atteint si nos descriptions avaient le pouvoir de convertir ces insouciants *absentees*, qui oublient que la propriété a ses devoirs aussi bien que ses droits. Si notre livre, tombant entre les mains de ces riches *landlords* à qui appartiennent les plus beaux domaines de cette île magnifique qu'ils n'ont jamais vue, réussissait à les tirer de leur indifférence, notre vœu le plus cher serait exaucé, car nous aurions contribué, autant qu'il est en nous, aux efforts que font les chefs irlandais pour combattre la cause permanente de la misère du peuple, l'*absenteism*.

TABLE DES MATIÈRES.

PREMIÈRE PARTIE.

DEUXIÈME PARTIE.

ERRATA.

Page 10, ligne 23, au lieu de *sud-est*, lisez *sud-ouest*.
Page 30, ligne 18, au lieu de *contenus*, lisez *soutenus*.
Page 95, ligne 20, au lieu de *roi*, lisez *roc*.

PARIS. — TYPOGRAPHIE SCHNEIDER ET LANGRAND, RUE D'ERFURTH, 1.

L'IRLANDE
AU DIX-NEUVIÈME SIÈCLE

par M. L. Joseph Prévost

Château de [illegible]

IRLANDE.
Milles Anglais
Longitude West from Greenwich
Dublin
Belfast
Londonderry
Galway
Limerick
Cork
Waterford
Wexford
Kilkenny
Tipperary
Killarney
Tralee
Drogheda
Dundalk
Armagh
Athlone
Longford
Sligo
Carlow
Clonmell
Cashel
Mallow
Youghal
Bantry
Old Head
Cape Clear I.
Mizen Hd.
Valentia
Dingle
Loop Hd.
Achil Hd.
Erris Hd.
Bloody Fd.
Rossan Pt.
Donegal B.
Enniskillen
Omagh
Lifford
Strabane
Coleraine
Rathlin
Fair Head
Larne
Carrickfergus
Lisburn
Newry
Downpatrick
Navan
Trim
Kildare
Naas
Wicklow
Arklow
Ferns
New Ross
Carnsore Pt.
Dungarvan
Lismore
Fermoy
Kanturk
Kinsale
Bandon
Clonakilty
Cloyne
Ennis
Nenagh
Roscrea
Tullamore
Portarlington
Maryborough
Mullingar
Cavan
Monaghan
Castlebar
Westport
Tuam
Ballinasloe
Roscommon
Elphin
Boyle
Kilkee
Tarbert
Listowel
Kenmare
Clifden
Aran Isles
Queens Cy.
Kings Cy.
Atlantic Ocean
Irish Sea

W. H. Bartlett. C. E. Richardson.

IRLANDE AU XIXe SIÈCLE

W. H. Bartlett. C. Cousen.

IRLANDE AU XIXe SIÈCLE.

W. H. Bartlett | E. J. Roberts.

IRLANDE AU XIXe SIÈCLE

ABBAYE DE YOUGHALL, RÉSIDENCE DE SIR WALTER RALEIGH.

IRLANDE AU XIXe SIÈCLE

W. H. Bartlett. S. Bradshaw.

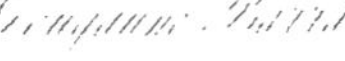

Gougaune Barra.

Glengariff.

IRLANDE AU XIXe SIÈCLE.

W. H. Bartlett. J. C. Bentley.

IRLANDE AU XIXᵉ SIÈCLE.

IRLANDE AU XIXe SIÈCLE.

W. H. Bartlett. J. Cousen

IRLANDE AU XIXe SIÈCLE

LAC SUPÉRIEUR [illegible]

W. H. Bartlett. G. K. Richardson.

IRLANDE AU XIXe SIÈCLE

IRLANDE AU XIXe SIÈCLE

W. H. Bartlett. J. T. Willmore.

IRLANDE AU XIXe SIÈCLE

BRÈCHE DE DUNLOE

W. H. Bartlett. J. Cousen

IRLANDE AU XIXe SIÈCLE

Ballybunnian.

W. H. Bartlett. T. Higham.

W. H. Bartlett. J. C. Armytage.

[illegible] WELLESLEY [illegible]

IRLANDE AU XIXe SIÈCLE.

W. H. Bartlett.

IRLANDE PITTORESQUE

W. H. Bartlett.

IRLANDE AU XIXe SIÈCLE

W. H. Bartlett. E. J. Roberts

IRLANDE AU XIXe SIÈCLE.

RUINES À CASHEL, VUES DE L'ENTRÉE DE LA VILLE.

W. H. Bartlett. E. J. Roberts.

IRLANDE AU XIXe SIÈCLE

INTÉRIEUR DE L'ABBAYE DE CASHEL

W. H. Bartlett.

IRLANDE AU XIXe SIÈCLE.

W. H. Bartlett. S. Bradshaw.

W. H. Bartlett. J. Cousen.

St. Canice, Kilkenny.

IRLANDE AU XIXe SIÈCLE.

W. H. Bartlett

J. C. Bentley

W. H. Bartlett.

T. Higham.

IRLANDE AU XIXe SIÈCLE

W. H. Bartlett. — E. J. Roberts.

IRLANDE PITTORESQUE

Certifié conforme.

IRLANDE PITTORESQUE

ABBAYE DE MUCKROSS

IRLANDE AU XIXe SIÈCLE.

J. C. Bentley.

IRLANDE AU XIXe SIÈCLE

VALLÉE DE LA [illegible]

Bray.

W. B. ...

W. H. Bartlett. J. T. Willmore.

IRLANDE AU XIXe SIÈCLE.

Glendalough.

W. H. Bartlett.

IRLANDE AU XIXe SIÈCLE

W. H. Bartlett. S. Bradshaw.

CHAUSSÉE DU GÉANT, VUE DU HAUT.

W.H. Bartlett.

IRLANDE AU XIXe SIÈCLE

VUE DE LA CHAUSSÉE DU GÉANT

W. H. Bartlett. C. Cousen.

IRLANDE AU XIXe SIÈCLE.

Carrick a Rede.

IRLANDE AU XIXe SIÈCLE.

ROCHER DE PLEASKIN PRÈS DE LA CHAUSSÉE DU GÉANT, COMTÉ D'ANTRIM.

W. T. Purser. J. Cousen.

CHÂTEAU DE DUNLUCE.

W. H. Bartlett. J. Carter.

IRLANDE AU XIXe SIÈCLE

ABBAYE DE SLIGO

Ballina

W. H. Bartlett. R. Wallis.

W. H. Bartlett. C. Cousen.

GALWAY, VU DE CLADDAGH.

IRLANDE AU XIXe SIÈCLE

IRLANDE PITTORESQUE

CLASSEMENT DES GRAVURES.

Quelques gravures n'ayant pas de légendes, nous avons désigné suffisamment les sujets pour qu'on puisse les reconnaître.

Paris — Imprimerie de [illegible], rue [illegible], 2[illegible] *bis*.

Contraste insuffisant

www.ingramcontent.com/pod-product-compliance
Ingram Content Group UK Ltd.
Pitfield, Milton Keynes, MK11 3LW, UK
UKHW022040190726
13855UKWH00002B/372